INTRODUCING MODERNISM: A GRAPHIC GUIDE by CHRIS RODRIGUES AND CHRIS GARRATT

Copyright: TEXT AND ILLUSTRATIONS ©2013 ICON BOOKS LTD

This edition arranged with THE MARSH AGENCY LTD

Through BIG APPLE AGENCY, INC., LABUAN, MALAYSIA.

Simplified Chinese edition copyright:

2022 SDX JOINT PUBLISHING COMPANY CO. LTD.

All rights reserved.

图画通识丛书
A Graphic Guide

# 现 代 主 义

Introducing Modernism

[英]克里斯·罗德里格斯（Chris Rodrigues）/ 文
[英]克里斯·加拉特（Chris Garratt）/ 图
陈玮 / 译

Simplified Chinese Copyright © 2022 by SDX Joint Publishing Company.
All Rights Reserved.
本作品简体中文版权由生活·读书·新知三联书店所有。
未经许可，不得翻印。

**图书在版编目（CIP）数据**

现代主义 /（英）克里斯·罗德里格斯文；（英）克里斯·加拉特图；陈玮译. —北京：生活·读书·新知三联书店，2022.7（2025.5重印）
（图画通识丛书）
ISBN 978 – 7 – 108 – 07410 – 2

Ⅰ.①现…　Ⅱ.①克…②克…③陈…　Ⅲ.①现代主义－研究　Ⅳ.① B089

中国版本图书馆 CIP 数据核字（2022）第 068303 号

责任编辑　黄新萍
装帧设计　张　红　康　健
责任校对　曹忠苓
责任印制　卢　岳
出版发行　生活·讀書·新知 三联书店
　　　　　（北京市东城区美术馆东街 22 号 100010）
网　　址　www.sdxjpc.com
图　　字　01-2018-7188
经　　销　新华书店
印　　刷　北京隆昌伟业印刷有限公司
版　　次　2022 年 7 月北京第 1 版
　　　　　2025 年 5 月北京第 2 次印刷
开　　本　787 毫米 × 1092 毫米　1/32　印张 5.75
字　　数　50 千字　图 167 幅
印　　数　5,001 – 7,500 册
定　　价　39.00 元
（印装查询：01064002715；邮购查询：01084010542）

# 目录

001 认识现代主义
002 现代主义是什么？
004 媒体高关注度
006 跟上潮流
010 现代主义的文化基础
014 现代主义和现代性之间有什么区别？
016 时间技术
018 标准时间
020 现代性的重要发明
024 新工业艺术
026 所以……现代主义是如何解释这一切的？
028 一种实验主义的态度
030 同时发生的未来主义
032 建筑：功能主义的现代主义
034 吉迪翁的圣经
036 拼贴事物
038 塔特林之塔
040 如何识别一件现代主义作品？
042 过去的终结
044 阅读毕加索……
045 ……也阅读相似性
046 文本的愉悦？
048 各种艺术之间有什么相互联系？
050 多元艺术形式表演
052 现代主义合作的精神
053 先锋派电影制作
054 走向无调性和抽象
056 有没有一种与实践相关的现代主义理论？
058 结构语言学
060 现代主义与哲学的关系

062 科学与社会学
063 还有马克思、尼采以及……
064 各种影响的交叉互渗
065 文学跨界
067 现代主义与原始主义之间的关系?
068 原始主义是种族中心论吗?
070 表现主义的原始主义
072 文学中的原始主义
074 现代主义与心理分析之间有什么联系?
075 弗洛伊德的原始主义
076 弗洛伊德的影响
078 弗洛伊德是如何"渗透"的?
080 这个世界最伟大的听众
082 精神分析与超现实主义
084 超现实主义诞生宣言
086 "不可能的梦"
090 "梦工厂"
092 城市在现代主义中有什么作用?
093 人群
094 人流……
095 ……以及浪荡子

096 城市作为叙事
098 建筑师的乌托邦
100 为什么现代主义者如此频繁地成为"流亡者"?
102 现代主义流浪者
106 到语言中流亡
109 精英和先锋派在现代主义中都有什么作用?
110 先锋主义是"纯粹的"现代主义吗?
112 先锋派的凝聚力
114 毕加索的同盟
116 现代主义者信奉何种政治?
118 保守的现代主义?
120 极右的现代主义者
122 现代主义的政治错误
123 进步的现代主义者代表
125 没有谁是完美的……
126 现代主义如何与大众文化相联系?
127 反对大众文化
129 理解大众文化
131 文化产业
135 第一次世界大战的冲击

137 为国捐躯，甜蜜而光荣
138 "为了什么？"
139 你会如何选择？
140 反人类罪
141 现代主义移居美国
142 美国是现代主义的天然家园吗？
143 大萧条与复兴计划
144 现代主义：非美国的活动
145 堕落的艺术
146 共同的敌意
147 精英派对现代主义的捍卫
148 刻奇、高雅文化与抽象表现主义
149 扭曲抽象表现主义
150 走下楼梯的杜尚
151 波普艺术或新达达主义
152 现代主义的"终结"？
153 电影和现代主义的关系是什么？
154 反对现代主义本性
155 欧洲艺术电影
156 先锋电影：超现实主义
157 电影中的表现主义
158 苏联先锋电影
160 反思好莱坞
162 新浪潮
163 筋疲力尽……
164 新技术＝后现代主义？
165 现代主义已经"终结"了吗？
168 后现代的现代艺术博物馆
169 巴比伦之外
170 参考文献
173 索引

## 认识现代主义

本书将试图回答 15 个关于现代主义的基本问题,并且会特别涉及艺术领域的现代主义。

1. 现代主义是什么?
2. 现代主义何时开始?
3. 现代主义和现代性之间有什么区别?
4. 现代主义只是对现代性的反映吗?
5. 我们如何辨认一件"现代主义"作品?
6. 是否存在一种与实践相关的现代主义理论?
7. 现代主义与原始主义(primitivism)的关系是什么?
8. 现代主义与心理分析的关系是什么?
9. 城市在现代主义中扮演什么角色?
10. 为什么现代主义者总是"流亡者"?
11. 精英和先锋派在现代主义中扮演什么角色?
12. 现代主义者支持何种政治?
13. 现代主义与大众文化如何相关?
14. 电影与现代主义的关系如何?
15. 现代主义结束了吗?

最后这个问题是对第一个问题的回归,并且(我们希望)为它提供了一个令人满意的答案。

你也可以把这些问题看成是一本侦探小说中的不同章节。

## 现代主义是什么?

什么是人们普遍承认的现代主义的首要特征?我们大多数人都会同意,现代主义作品理解起来很困难,而且这种困难与陌生和差异相关。**D.H. 劳伦斯**(D.H. Lawrence,1885—1930)本人被划归为现代主义作家,但他也表达过由这种困难所带来的快乐与痛苦。

> ……读一部真正意义上的新小说总是令人痛苦的,在某种意义上是这样,因为总是有阻力。欣赏新绘画和新音乐也是一样。你可能会用下面这个事实来判断它们的现实性:它们的确唤起了某种阻力和强制,到了最后则变成某种默许。

一切可以被划归为现代主义——或是各种**现代主义**流派,我们后面会看到——旗下的作品都与现代世界具有某种联系,这个世界极为新奇,对于之前的任何文化或历史状况来说都是罕见的。

新异（novelty）与困难形成了某种特殊的历史同盟。这是现代主义的一个特征。另一个特征则在于大多数人如何回答"现代主义是什么？"这个问题。他们八成会说出几个标志性人物的名字，以此来识别现代主义。

毕加索（Pablo Picasso，1881—1973）、达利（Salvador Dalí，1904—1989）、**T.S.艾略特**（T.S. Eliot，1888—1965）、**勋伯格**（Arnold Schoenberg，1874—1951）、**勒·柯布西耶**（Le Corbusier，1887—1965）、**马列维奇**（Kazimir Malevich，1878—1935）。

**庞德**（Ezra Pound，1885—1972）、**F.L.赖特**（Frank Lloyd Wright，1867—1959）、**马塞尔·普鲁斯特**（Marcel Proust，1871—1922）、**弗吉尼亚·伍尔芙**（Virginia Woolf，1882—1941）、**斯特拉文斯基**（Igor Stravinsky，1882—1971）、**里尔克**（Rainer Maria Rilke，1875—1926）。

**曼·雷**（Man Ray，1890—1976）、**托马斯·曼**（Thomas Mann，1875—1955）、**列昂·托洛茨基**（Leon Trotsky，1879—1940）、**阿尔班·贝尔格**（Alban Berg，1885—1935）……我们还要继续列下去吗？

为什么会出现这些名字？我们能找到各种有趣的理由，有正面的也有负面的。我们现在只考虑其中三个名人。

## 媒体高关注度

是什么造就了标志性人物?毕加索之所以被人们铭记,很可能不仅仅因为他是一个"伟大的艺术家"。他在媒体上的名声才是关键。

勋伯格在媒体上的认知度可能没有这么高。在一切现代主义中，他的现代主义（"经典的"？）音乐是最精英也最远离当代社会情感的。"无调性"（a-tonal）风格或者作曲"序列法"（serial system）对我们来说有什么意义？我们大多数人都更喜欢那些听着不太费劲，而且依然可以算作"现代"的音乐形式。

**乔治·格什温**（George Gershwin，1898—1937）现代吗？**查理·卓别林**（Charlie Chaplin，1889—1977）是个现代主义者吗？我们冒险将现代主义和时尚潮流混同起来。

## 跟上潮流

时尚有一个好处:它令我们思考现代主义不是什么、反对什么、想要*取代*什么。

而且这或许能让我们想到典型的现代主义潮流或运动,比如说立体主义(Cubism)、达达主义(Dadaism)或超现实主义(Surrealism),而不只是说出几个名人的名字。

这样一些"**主义**"（当然包括现代主义本身）提供了理解"时代精神"（人们常常称之为 *zeitgeist*）的线索。现代主义表现了 19 世纪晚期以来席卷一切领域的新力量，马克思、弗洛伊德、尼采等人堪为这些潜在的革命力量的先声。

我们的阶级观念的根本改变……

对于个人生活中原先的性礼仪和性规则的违反……

艺术、建筑、音乐和文学的全新功能！

所以，现代主义不仅涉及新异和困难，同样也是社会动力方面的新变化。不过，我们现在还是停留在一般层面。我们要如何找出现代主义的**特殊之处**呢？从现代主义的"**时效性**"（timeliness）问题着手或许是个不错的方式。

年表和日期常常被看作文化史上比较无趣的部分。当我们急于抵达"事情的核心"时，我们通常匆忙浏览，甚至略过这些部分。但是说到现代主义，事情就完全不同了。日期和起点开始变得重要。界定现代主义的问题在于确定一份年表：谁首先做了什么？*在哪里、什么时候？*对于现代主义来说，**原创性**（originality）资格的认定非常重要。

一个复杂的"原创性"时间表会让我们晕头转向：各个前沿领域之间总是交叉影响，不过它总是从一座大城市转到另一座大城市：巴黎、伦敦、柏林、苏黎世、莫斯科、纽约……

现代主义看起来像是一场国际阴谋、一场迅速蔓延的野火、一种无法阻挡的传染病。但是这会让我们忘记它以前的圈子有多么小——仅限于城市中心的所谓"先锋派"精英。它的巨大影响与其实际规模不成比例。我们要如何解释现代主义成功的速度和规模呢?

按照共时性(simultaneity)和瞬时性(instantaneity)来理解现代主义。

它们都是某种不断与自身竞争的**传播系统**(communication system)的特征。

当然,视觉艺术、文学、音乐以及建筑领域的激进现代主义变革并不是在同一时刻发生的。但是这种巧合足以说服我们相信,它是一场在上述所有领域兴起的、*共同的实验思潮*。

我们还有三个问题有待解决：第一，多种不同的现代**主义**；第二，它们的**连续性**；第三，它们的衰落和**终结**。我们需要一个时间刻度。亨利·列斐伏尔（Henri Lefèbvre）为我们提供了一个大致的时间表。

现代主义的绝对统治权大概是 1910 年前后确立的，同时伴随着与经典和传统词汇的决裂。"一战"之后，这种统治地位得到了加强：立体主义、抽象艺术、包豪斯（Bauhaus）的兴起……现代主义的统治地位持续到 20 世纪 60 年代至 70 年代，之后另一种思潮占据了主流。

## 现代主义的文化基础

1860 年　**进步**、**危机**和**过渡**这几个相互对立的概念，在现代主义中结合起来。

1863 年　波德莱尔的艺术批评文章《现代生活的画家》，预示了现代主义的到来。

1872 年　"**印象主义**"（Impressionism）一词被创造出来，用来指一种艺术风格，它后来成为先锋派的原型。

1879 年　易卜生的作品《玩偶之家》将女性主义搬上戏剧舞台。

1883 年　尼采在《查拉图斯特拉如是说》中宣告了"超人"的诞生。

1888 年　斯特林堡的戏剧作品《朱莉小姐》反对易卜生的女性主义。

1893 年　蒙克的画作《呐喊》预示了表现主义（Expressionism）的诞生。

1894 年　德彪西根据马拉美的象征主义诗歌《牧神午后》首创了印象派音乐。

1900 年　弗洛伊德以《梦的解析》一书开创了心理分析（同年，量子物理学诞生）。

1901年　毕加索进入他的前立体主义的"蓝色时期"(Blue Period)。

1902年　阿尔弗莱德·施蒂格利茨在纽约创立了"摄影分离派"(Photo-secession),并举办展览展示了欧洲的早期现代主义艺术。

1905年　巴黎的**野兽派**(Les Fauves)画家群体将一种"表现主义"元素引入艺术……同年,"桥社"(Die Brücke)在德国的德累斯顿推出了现代主义的表现主义。

1907年　毕加索创作了现代主义的代表作品《亚威农少女》。

1908年　毕加索与乔治·布拉克创立**立体主义**。

1909年　马里内蒂(Filippo Marinetti)在巴黎发表第一份**未来主义**(Futurism)宣言。

1909—1911年　谢尔盖·佳捷列夫(Serge Diaghilev)创建现代主义俄罗斯芭蕾舞团(Ballets Russes),该舞团将开启欧洲巡演。

1910年　T.S.艾略特的诗歌《J.阿尔弗莱德·普鲁弗洛克的情歌》明确呈现了现代主义的文化祛魅因素。

1911年　勋伯格的《钢琴小品六首》(Op.19)将音乐中的表现主义发展为无调性,并开创了他的十二音体系。

1911年　瓦西里·康定斯基等人在慕尼黑共同创立了"**蓝骑士**"(Der Blaue Reiter)表现主义艺术家群体(勋伯格也是其中成员)。

1912年　毕加索创作了第一幅拼贴画作,马塞尔·杜尚创作了他"最后的画作",机械立体主义的《下楼梯的裸女》。

1913年　勋伯格的弟子安东·冯·韦伯恩创作弦乐四重奏《六首小品曲》(Op.9),是时长三分三十秒的无调性抽象作品。

1913年　康定斯基提出艺术的抽象原则纲要《论艺术中的精神》(On the Spiritual in Art)。

1913 年　斯特拉文斯基为佳捷列夫的俄罗斯芭蕾舞团谱写的音乐《春之祭》在巴黎引起骚乱。

1913 年　"军械库展览会"（The Armory Show）或称"现代艺术国际展"在纽约、芝加哥和波士顿展出，向美国公众及艺术家介绍了具有革命性的欧洲先锋派艺术。

1914 年　詹姆斯·乔伊斯（James Joyce）出版了他的实验性短篇小说集《都柏林人》。

1916 年　俄国革命前夕，反战和无政府的**达达主义**在苏黎世的伏尔泰咖啡馆成立。

1917 年　毕加索与诗人让·科克托、作曲家埃里克·萨蒂以及谢尔盖·佳捷列夫的编舞师莱奥尼德·马西涅一起创作了芭蕾舞《游行》。

1919 年　**联美**（United Artists）电影工作室在好莱坞成立，创建人包括查理·卓别林、D.S. 格里菲斯、玛丽·皮克福德和道格拉斯·菲尔班克斯。

1920 年　**六人组**（Groupe des Six）——包括阿瑟·霍尼格、弗兰西斯·普兰克和达里乌斯·米豪德等作曲家——反对先锋派的极端化，回归音乐的魅力、风趣与亲和。

1921 年　维特根斯坦发表了现代主义逻辑学的重要作品《逻辑哲学论》，挑战了此前的一切哲学。

1921 年　曼·雷创作了不用摄影机的摄影作品，即达达主义的"实物投影"（Rayographs）。

1922 年　现代主义文学的"两个图腾"出版发行：乔伊斯的《尤利西斯》和艾略特的《荒原》。

1924 年　安德烈·布勒东发表了他的第一份"超现实主义宣言"。

1925 年　谢尔盖·爱森斯坦在《战舰波将金号》中展示了现代主义电影技

术的本质。

1925 年 **"新客观性"**（Neue Sachlichkeit）一词被造出来，用以描述战后德国艺术家（乔治·格罗茨、奥托·迪克斯等人）的极端愤懑的现实主义。

1925—1926 年 美国作家的作品中展现了各种不同的现代主义：菲茨杰拉德的《了不起的盖茨比》、约翰·多斯·帕索斯的《曼哈顿中转站》、海明威的《太阳照常升起》以及格特鲁德·斯泰因的实验性作品。

1926 年 埃德加·瓦雷兹创作了"奥秘"（Arcana），以此为先锋派音乐引入了一个新的"具体"元素，并对后来的"后序列"作曲家（比如约翰·凯奇和卡尔海因兹·斯托克豪森）产生了影响。

1934 年 苏联的日丹诺夫宣告现代主义"终结"。

1937 年 纳粹的展览"堕落的艺术"对现代主义加以奚落并宣布它不合法——这是现代主义的另一个"终结"吗？

1949 年 美国议员乔治·唐德罗公然抨击现代主义，认为它是用来削弱美国的"共产主义阴谋"——这是现代主义的最后"终结"吗？

## 现代主义和现代性之间有什么区别?

界定现代性并将其与现代主义区分开来的第一种以及最简单的方式,在于诉诸新技术——服务于大众消费的大规模新技术。实质性的现代性意味着新的交通方式(汽车、公共汽车、飞机、拖拉机和地铁),新媒体(电影、摄影、X光、电话、打字机、磁带录音机),新材料(钢筋混凝土、钢铁、平板玻璃、预调漆、塑料、燃料和人造纤维),新能源(原油与石油、电力、内燃机、柴油机和汽轮机)。

速度的不断加快似乎也反映在时尚的快速更迭当中。这只是一个巧合吗?

以上诸种技术引发了一种完全不同的"现代"体验。20世纪的西方人飞速进入了各种全新的领域——不只是地理意义上的新领域,也是人际的、情感上和文化上的新领域。

旅行者和城市居民所面对的不是慵懒舒适的乡村或一览无遗的风光,而是各种视觉景象和声音的拼贴。原先散落在各个不同的空间中的事物如今都混合在一起了。

## 时间技术

对于时间的感知在现代性当中也彻底改变了。新的管理技术例如"泰勒主义"(Taylorism)和"福特主义"(Fordism)改变了人们作为"劳动力单位"的行为方式。

泰勒主义是指将科学原则应用于工作场所,它由美国人**弗雷德里克·W. 泰勒**(Frederick W. Taylor, 1856—1915)在《科学管理原则》(1911)一书中提出并加以详细阐述。

福特主义通常指大规模生产的发展。它起源于美国，当时**亨利·福特**（Henry Ford，1863—1947）在汽车制造业中采用了流水生产线。

"流水线"思维会产生非常严重的消极后果。

不仅在工业场所，而且也在于人们对于时间的日常感知。

## 标准时间

在 19 世纪的英国,全国时间也就是"铁路时间",是和特定的地区时间相对的。当时铁路按照固定的时间表运行,但是如果你要旅行的话(比如从伦敦到布里斯托),你就会改变"时区"。

1912 年,世界的时间标准在关于时间的国际会议上得到确定和各方的一致同意,时间也就此合理化了。

所有这些现代科技发展背后的驱动力就是超大型资本,比如美国的**洛克菲勒**(Henry Rockefeller,1839—1937)和**摩根**(John Pierpont Morgan,1837—1913),英国的**利弗休姆勋爵**(William Lever/Lord Leverhulme,1851—1925)以及德国的**克虏伯**(Krupp)家族等。

而驱动我们的力量是对利益的追求以及大众消费市场的发展。

合理化管理的工厂车间,人工照明的办公室环境,伴随着一排排打字机嘈杂不休的声音,很适于用来满足一个都市化和工业化的工作场所那不断增长、不知餍足的需求。

## 现代性的重要发明

1843 年　布鲁奈尔（I.K. Brunel）设计了第一艘螺旋桨推动的蒸汽动力船来横渡大西洋。丘纳德航运公司在 1855 年开始搭载普通乘客。

1857 年　巴斯德（Louis Pasteur）公开发表了疾病的细菌理论。

1858 年　纳达尔（Charles Nadar）在一只热气球上拍摄了第一张航拍照片。

1858 年　开始铺设第一条跨大西洋电缆。

1864 年　彩色石印技术用于印刷书籍中的彩色画页。

1865 年　孟德尔（Gregor Mendel）报告了有关基因遗传因素的发现，这种基因后来被称为"等位基因"。

1865 年　利斯特（Joseph Lister）引入了手术中的抗菌技术。

1867 年　诺贝尔（Alfred Nobel）发明了炸药。

1869 年　美国铺设洲际铁路。

1869 年　苏伊士运河通航。

1872 年　费迪南德·科恩（Ferdinand Cohn）创立了细菌学。

1873 年 麦克斯韦（James Clerk Maxwell）将电磁和光统一在一组方程式当中。

1874 年 威廉·冯特（Wilhelm Wundt）创立了实验心理学。

1874 年 雷明顿父子（Remington & Sons）公司制造了第一台商用打字机，它与速记法等其他发明一起，将彻底改变大规模的办公室工作。

1876 年 贝尔（Alexander Graham Bell）发明了电话。

1877 年 爱迪生（Thomas Alva Edison）发明了留声机。

1878 年 伊斯曼（George Eastman）发明了照片干版胶片。

1879 年 爱迪生发明了电灯。

1882 年 标准石油公司（Standard Oil）成立。

1884 年 伦敦地铁完工。

1885 年 戴姆勒（G.W. Daimler）发明了内燃机并于 1890 年成立了汽车制造公司。

1888 年 伊斯曼获得柯达方箱相机的专利。

1889 年 爱迪生发明活动电影放映机。

1889 年 为巴黎世界博览会设计建造的埃菲尔铁塔完工。

1890年　美国圣路易斯的路易·沙利文（Louis Sullivan）设计了第一座钢结构的摩天大楼。

1892年　洛伦兹（H.A. Lorentz）提出了电子理论。

1894年　威廉·伦琴（Wilhelm Röentgen）发明了X射线。

1895年　卢米埃尔兄弟（Louis and Auguste Lumière）将爱迪生的发明加以发展，进行了第一次公开的活动影像放映。

1895年　马可尼（Guglielmo Marconi）发明了无线电报。

1897年　汤姆森（J. J. Thomson）通过实验发现了电子。

1898年　玛丽·居里和皮埃尔·居里（Marie and Pierre Curie）发现了镭。

1900年　普朗克（Max Planck）在研究电磁辐射能量的过程中首次提出了量子理论。

1901年　马可尼传输了第一组跨大西洋的无线电波信号。

1903年　莱特兄弟（Orville and Wilbur Wright）第一次试飞成功。

1903年　亨利·福特创立了福特汽车公司，并于1912年开始引入T型小汽车生产线。

1904年　鲁贝尔（Ira Rubel）发明了平版印刷。

1905 年　爱因斯坦（Albert Einstein）发表了他的"狭义相对论"，并于1915 年发表"相对性原理"，其中提出了革命性的非欧几里得四维时空模型。

1909 年　布莱里奥（Louis Blériot）成为第一个乘单翼机飞越英吉利海峡的人。

1913 年　玻尔（Niels Bohr）将量子理论应用于原子结构。

1914 年　巴拿马运河通航。

1926 年　戈达德（R.H. Goddard）设计并发射了第一枚液体燃料火箭。

1927 年　林德伯格（Charles Lindbergh）乘单翼机从纽约飞至巴黎，首次单机飞越大西洋。

1928 年　弗莱明（Alexander Fleming）发现了青霉素。

## 新工业艺术

广告业（尤其是美国的广告业）凭一己之力将自身从不起眼的商业领域变成了重要产业。它不仅是一个产业，而且是一种媒介，用于建构和展现一个充满欲望、抱负和替代身份的世界。很快，这些大众消费社会的"隐形说客"就利用所有现代主义手段来创造出一种全新的流行媒介：电影蒙太奇技术、先锋派设计、一句话宣言、爵士曲调——不过其中最主要的还是精神分析。

不过，技术就是"现代性"的全部吗？我们能将1917年俄国革命看作现代性的一场实验吗？20世纪40年代的纳粹大屠杀呢？这是在用泰勒主义管理方式和福特主义流水线作业这样的现代性来对数百万人进行灭绝杀害吗？原子弹难道不是典型的现代性吗？

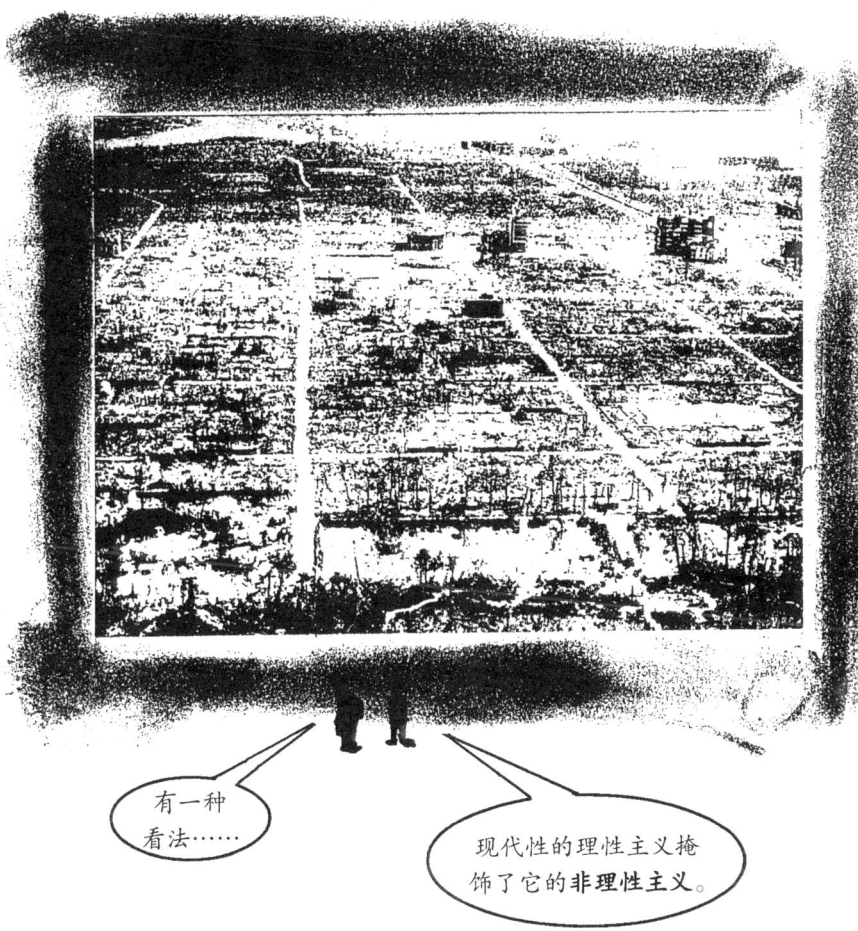

有一种看法……

现代性的理性主义掩饰了它的**非理性主义**。

生活在现代或许足以令一个人成为"现代的"，但是不一定成为"现代主义者"。现代主义更深地指向现代性的潜意识层面，并使之面对自己隐藏的种种焦虑。

## 所以……现代主义是如何解释这一切的?

这是一个关键的问题,而且并不容易回答。现代主义并不是对现代性的自动反映。它并不是简单地反映现代性,也对现代性加以反对。

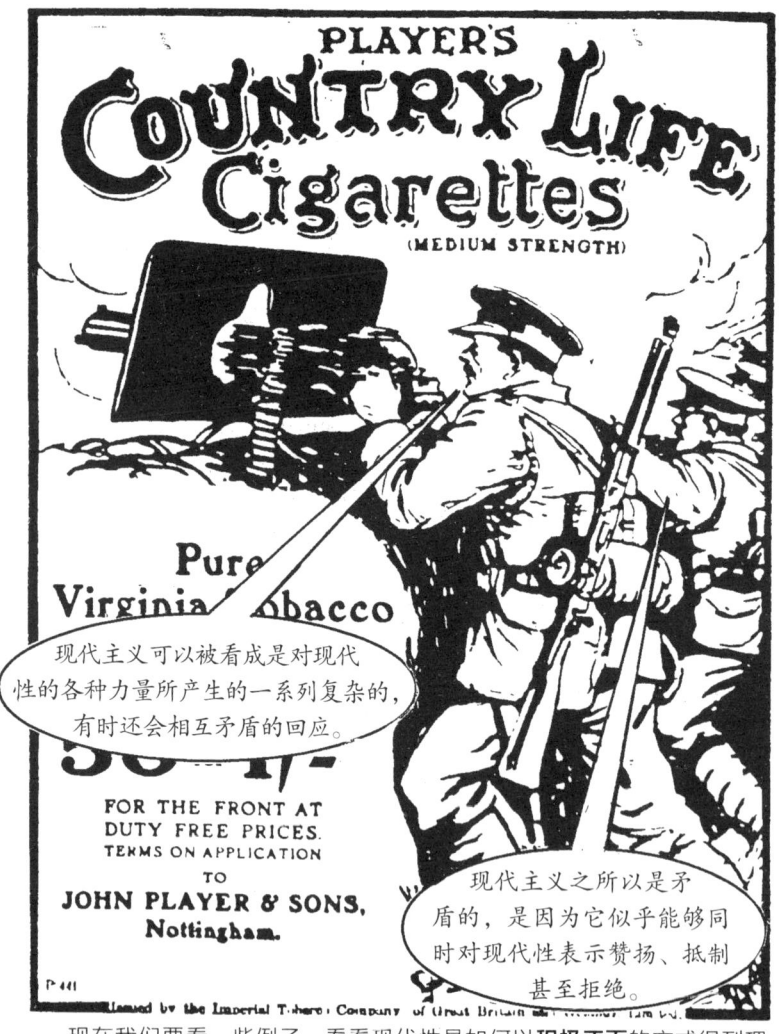

现代主义可以被看成是对现代性的各种力量所产生的一系列复杂的,有时还会相互矛盾的回应。

现代主义之所以是矛盾的,是因为它似乎能够同时对现代性表示赞扬、抵制甚至拒绝。

现在我们要看一些例子,看看现代性是如何以**积极正面**的方式得到理解和应用的。

伟大的现代主义者之所以引人注目,不仅仅是因为他们对自己的能力和"天才"充满自信,而且也因为他们的作品具有创新性和进步性。

现代主义可以被看成是18世纪启蒙运动的另一种延续。

历史是一个通过科学和哲学发生的渐进而必然的进步过程。

## 一种实验主义的态度

先锋派人士（avant-gardist）十分肯定，其探索性的作品所具有的价值就在于逐渐揭示现代世界的真理。他们具有一种极为明确的自我意识，认识到自己参与构成了一系列全新的感知能力，以及一种全新的看待世界的方式。他们很多人都怀有一种近乎科学的研究态度：不是为了实验而实验，而是……

意大利**未来主义**是最早的现代主义运动之一，它全心全意地接受并积极地赞美这个由机器、革命、运动和速度构成的现代乌托邦。

未来主义对"古老过时的欧洲"的嫌弃似乎与某种将"进步"理想化的想法相一致。不过你无须深入挖掘，也无须等得太久，它就会显示出自己的真面目——一种在整个机械化战争中自鸣得意的、疯狂错乱的"原始主义"，一种由超人组成的上层精英，以及它在 20 世纪 20 年代将会狂热推崇的法西斯主义暴政的所有征兆。

只有一种真正的、最高的、绝对的未来主义者，那就是我，领袖墨索里尼！

## 同时发生的未来主义

**马里内蒂**（1876—1944）是未来主义的杰出推广者、发言人和诗人。他于1909年在巴黎的《费加罗报》上发表了《未来主义宣言》。

我们要歌颂被工作、快乐或反抗煽动的伟大群众；我们要歌颂现代资本中多种色彩、多种声音的革命浪潮：歌颂船坞和军工厂的夜间合鸣，头上就是他们那耀眼的电子卫星；歌颂贪婪的车站，它们吞噬冒着烟的巨蛇；歌颂从云上垂下的工厂，它们冒出的烟就是它们所用的绳子；歌颂桥梁像巨人运动员一样跨过阳光照耀的河流，河水闪闪发光像恶魔的餐刀；歌颂冒险的汽船敏锐地寻找地平线；歌颂胸膛宽阔的机车套满长长的管子；歌颂飞机的滑翔，它们的螺旋桨转动如迎风的旗帜，在狂热的人群中唤起掌声。

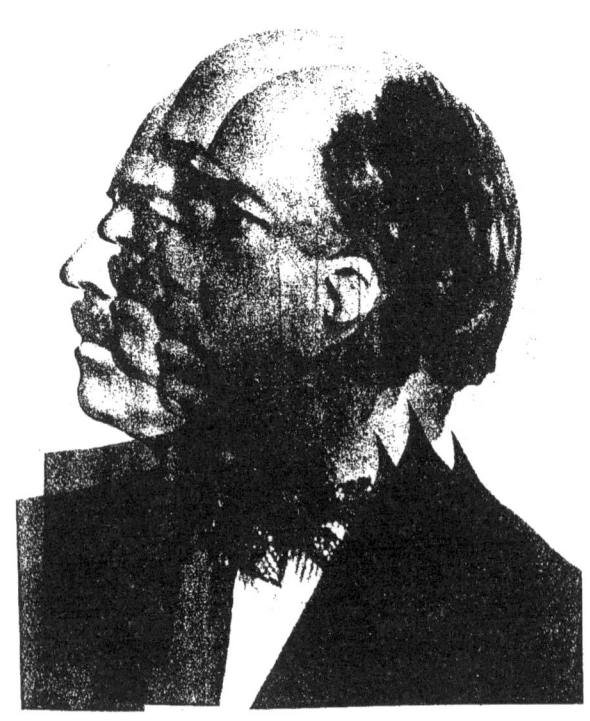

意大利未来主义虽然是一个独立的运动,但是产生了广泛的影响。它那颂词式的风格后来又出现在**射光派**(Rayonist,1913年发生在俄国的一场运动)的宣言中,后者想要综合立体主义、未来主义和**奥费主义**(Orphism,1911—1914)。

> 我们惊叹现代社会的整体恢宏风格——我们的裤子、外套、鞋子、电车、汽车、飞机、铁路、宏伟的轮船——都是如此无与伦比。这是一个伟大的时代!

再说一次,这里在不停歇地召唤各种事物和机械,它们都在当下同时存在。这种"共时性"观念在现代主义的写作、绘画、音乐和戏剧当中一再出现。它是一种对现代性的表达,用它那过剩的图像和声音在城市中争夺人们的注意力。

## 建筑:功能主义的现代主义

建筑充分体现了现代性的技术冲动:这不仅体现在对全新的建筑材料比如钢筋混凝土和平板玻璃的使用上,而且体现在它对现代环境的功能性的态度上,这种现代环境包含了交通和传播的所有新形式、新的都市社会群体以及工作与家庭之间的新关系。

**阿道夫·卢斯**(Adolf Loos,1870—1933)在其著作《装饰与罪恶》(*Ornament and Crime*, 1908)中说出了建筑现代主义的本质:他将装饰等同于犯罪。

勒·柯布西耶可能是最著名的现代主义建筑家，他在《明日之城市》（1924）的前言中提出了一份有力的建筑学宣言。其中说到他是如何在1924年的一个秋日傍晚外出散步，然后发现由于车水马龙的交通，他无法穿过巴黎的香榭丽舍大街。"我回想起自己年轻时当学生的时候：那时道路属于我们，我们在路上唱歌，我们在路上辩论，马车慢悠悠地从我们身边驶过……"不过这份宣言可不是忧伤的挽歌。

同年（1924）的10月1日，我参与推动了一场惊人的重生……

……一种新的交通现象。汽车，汽车，快速，快速！人们陷入了狂热，陷入了狂喜……力量的狂喜。

## 吉迪翁的圣经

像这样将使用机器进行的交通旅行和美学结合起来,是人们在阐述各种不同的现代主义艺术形式时持续提及的要点。**希格弗莱德·吉迪翁**(Sigfried Giedion,1888—1968)就是一个例子,他在1939年写了一本书——《空间、时间与建筑》(*Space, Time and Architecture*),这本书后来成为现代建筑的圣经。在书中他谈到了纽约城市的规划者之一罗伯特·摩西(Robert Moses)。

由于这个时代的精神催生了如此众多的创造物,林荫大道的意义和美就无法从一个单一的观察角度加以把握,无法像以前那样透过凡尔赛城堡中的一扇窗户就能把握。如今它只能通过运动而得以揭示,通过平稳的流动——正如交通规则所规定的那样——才能把握。我们这个时代的时空感受只有在驾驶汽车的时候才会变得如此强烈。

典型的现代电影院不仅仅是复制了这个世界的"活动影像",而且构建了观看的新技术。

最早公开放映的电影之一、**路易·卢米埃尔**带来的《火车进站》(1895)引发了下面这个传说:观看者纷纷逃离银幕,因为害怕火车会从他们身上轧过去。

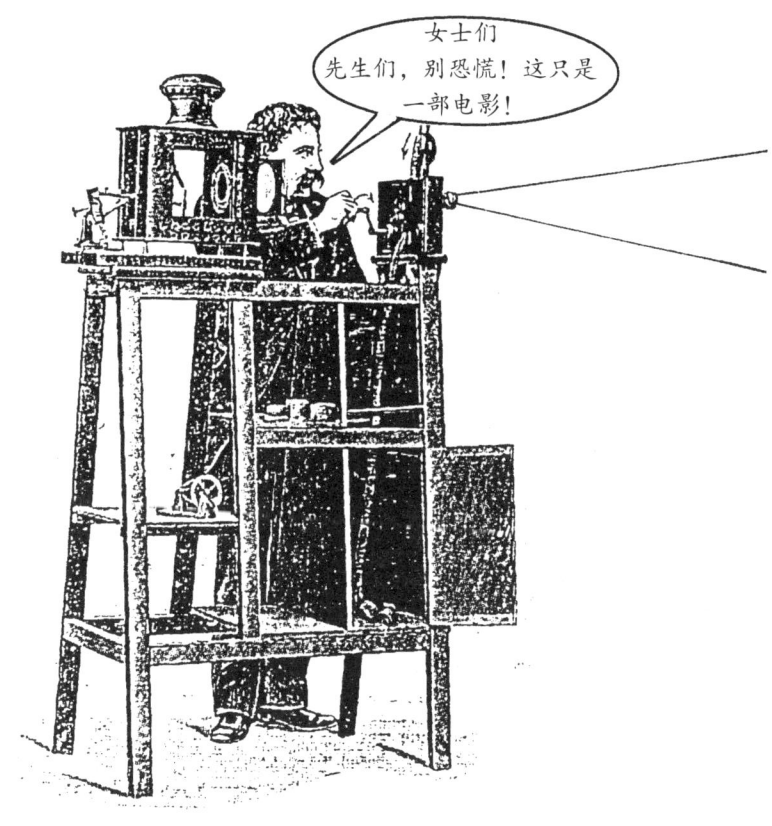

新的交通运输技术和新的娱乐技术同时并进,这一点从下面这个事实可以看出来:最早拍摄的影片中有很多都是火车电影,是将摄影机固定在奔驰的火车上拍摄而成。

## 拼贴事物

拼贴技术则是另一个例子,说明现代生活是如何渗入现代主义作品的。毕加索和**布拉克**(Georges Braque,1882—1963)把外部世界的碎片、撕碎的报纸标题以及其他的都市生活碎屑都原封不动地拼置在他们的绘画作品中。

**库尔特·施威特斯**(Kurt Schwitters,1887—1948)终生致力于收集和拼贴日常生活中的碎片,他称之为 *Merz*,这个词本身就来自于一张撕破的纸,上面写着"Commerz"。

这样一种"拼贴"手法与**纪尧姆·阿波利奈尔**（Guillaume Apollinaire，1880—1918）或 T.S. 艾略特这类作家的写作方式相类似。他们允许无意中听来的对话片段进入诗歌内部，将日常对话中的俚语和黑话进行加工并引入他们创作的散文和诗歌当中。

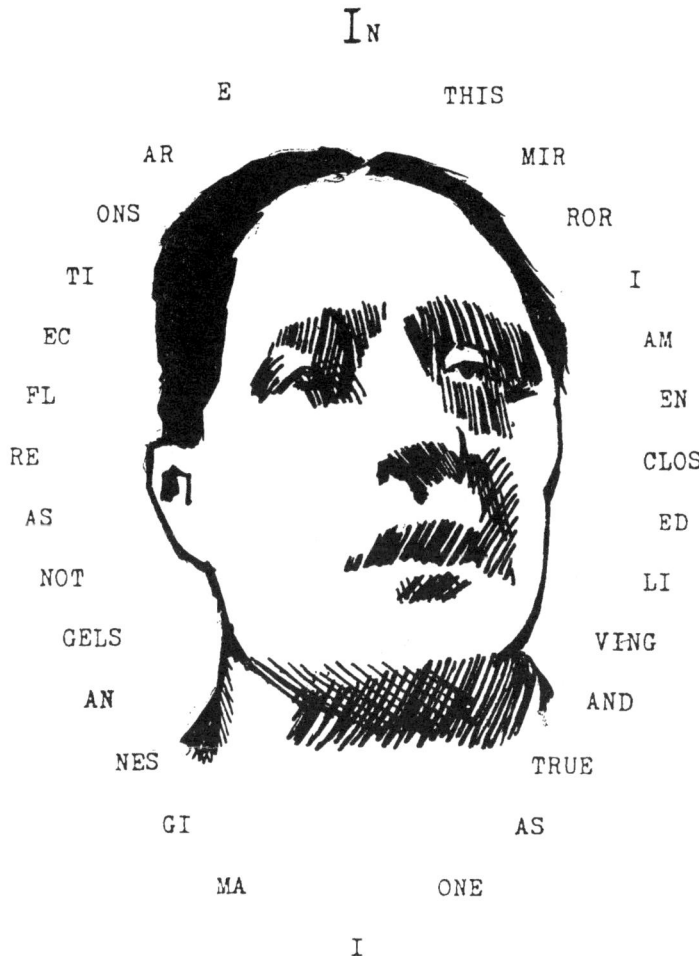

## 塔特林之塔

苏联艺术家**弗拉迪米尔·塔特林**(Vladimir Tatlin,1885—1953)创作的作品表现了社会主义的现代视野。他的"第三国际纪念塔"(Monument to the Third International)设计于1919年。尽管从未建成,但这座塔已经成为一种英雄式现代主义的代表,试图将革命意识形态、技术和美学融为一体。

这是对于未来的乐观声明。环绕塔身的螺旋形架构表达了"这个时代的现代精神"。

## 如何识别一件现代主义作品?

这是另一个重要问题。我们先从毕加索的代表作品《亚威农少女》（1907）说起，这幅画被"识别"为"一战"之前、现代主义的英雄式第一阶段的开创性杰作。那么我们的问题是：**为什么**这幅作品被特别鉴别为现代主义作品？

这幅画的尺寸比毕加索之前的所有画作都大。它有一种特质，我们将这种特质与现代主义的基本手法——也就是宣言——联系起来。它宣告自身，散发出一种对于自身所具有的新颖和激进特质的自信。

艺术批评家安德烈·萨尔蒙（André Salmon）在1912年写道：

这幅画永远不会让公众看到。画中以一种不加装饰的手法描绘了五位高大的裸女。头一次，毕加索将人物的面部表情画得既不悲伤也没有激情。她们就是几张面具，几乎完全没有人性。不过，这些画中人不是神，她们既不是提坦，也不是英雄；她们甚至都不是什么寓言式的或象征性的人物形象……

……她们是赤裸的问题，是黑色背景上的白色数字。

萨尔蒙的最后一句话概要地指出了**抽象化**的趋势，而这是现代主义绘画的一个主要特征。这些人物形象不是寓言式的，也不是象征性的——她们的意义必须在画布和画面之外加以解读。

## 过去的终结

有一个观念总是出现,这就是"首次""全新"以及"逃离过去"——即使作品本身可能包含了非常明显的旧时的、经典的或是原始的痕迹。超现实主义者**安德烈·布勒东**(André Breton,1896—1966)在 1920 年说过,毕加索的画……

难以解释又具有魔力,通过这幅画,我们向过往的一切画作告别。

约翰·理查森(John Richardson)写过一部权威的毕加索传记,他是这么评价这幅画的:"……乔托(Giotto)以来最具创新性的画作……它创立了一套全新的绘画语法;它令人们得以用全新的眼光、全新的思维和全新的意识去感知事物。《亚威农少女》毫无疑问是 20 世纪第一幅杰作,是现代运动的主要导火索,是 20 世纪艺术的基石。"

现代主义诗歌的先驱人物阿波利奈尔也是毕加索的同代人与朋友，他写道："毕加索用外科医生解剖尸体一样的方式来研究一件事物。"

有人认为**立体主义**是对外部世界的冷峻分析，这个观点只是部分正确——而且它仅适用于我们所说的"分析的立体主义"时期。

不过，很多艺术家（包括阿波利奈尔）与毕加索和布拉克的共同之处在于，他们都关注艺术的"物质性"。"……拒绝将作品作为观察世界的透明窗子……颜料、线条、词语都假设了一种新型的自足，而我们也并没有受到邀请，越过作品去寻找某种用以解释它或将其正当化的东西。"

## 阅读毕加索……

《亚威农少女》并非真的自足。就像其他所有现代主义作品一样,只有当我们借助其他的阅读形式、阐释和参照物来理解这幅画的时候,它的意义才向我们展示出来。你可以用复杂的、意味深长的方式继续"阅读"这幅画,这取决于你对艺术史和文化语境及话语的熟悉程度。

## ……也阅读相似性

我们能在其他重要的现代主义文本之间发现相似性吗?答案是肯定的。与此类似,另外两件现代主义运动的作品也从一开始——时至今日依然如此——就被看作是代表性的。艾略特的《荒原》(1922)和詹姆斯·乔伊斯(1882—1941)的《尤利西斯》(1922)通过一个预先策划的、复杂的网络而被引入文学界,这个网络是由小型杂志、出版商和投资人组成的。

这件事情有点讽刺。像小型杂志这样老旧的技术手段恰恰在推动现代主义文学的发展方面扮演了重要角色。

还有更讽刺的。这些作品原本代表了文化上的断裂以及阐释世界的全新方式,然而现在却被看成是世界文学的正典——也就是已经确立的文学传统。它们如今已经成为大学英文系的"经典"阅读文本。

## 文本的愉悦？

要想找出这些现代主义作品当中的共同标准，我们可以将焦点放在一个方面，即人们如何努力去**理解**它们。这些作品都很难懂。相较于19世纪的小说或画作，我们必须付出努力才能明白这些作品究竟是在说什么。

不过这些作品也并不只是涉及形式上的或是独立的意义——它们的确涉及某种"丰厚的"经验。

这三件作品都对观看者或读者提出了特殊的要求。为了获得理解这些作品的线索,你需要努力了解它们所用的材料——文字和图形。

## 各种艺术之间有什么相互联系?

不同的艺术形式之间以不同的方式相互联系、相互比较,这有一个长期的形成过程。数个世纪以来,古代的拉丁语格言 *utpictura poesis*("诗如此,画亦然")表明了各种艺术实践之间的交叉影响。"一切艺术都趋向于音乐"这句话是 19 世纪浪漫主义的创造。**波德莱尔**(Charles Baudelaire,1821—1867),这位典型的现代主义诗人尝试了"通感"(*synaesthesia*),意思就是将一种感知转换为另一种感知。

……音调的**色彩**,绘画色调的**音色**,它们暗含着气味和味道……

**瓦格纳**(Richard Wagner,1813—1883)的歌剧巨作包含着创造"总体艺术作品"(*Gesamtkunstwerk*)的野心,这种野心推动了现代主义对各门艺术的融合。

现代主义艺术形式的交叉影响经常表现在**宣言**的写作策略当中。这种宣言以激烈的多元艺术形式发表,仿佛在宣布一种新的美学方案具有普遍的适用性。继**达达主义者**(Dadaist)之后,**未来主义者**在其宣传活动中特别擅长创造视听杂音来表达意义。他们巧妙地策划了"自发"事件。这些喧闹而具有煽动性的"表演事件"实际上是先锋音乐厅的自我推销。

## 多元艺术形式表演

许多最引人注目的多元艺术形式合作都受到了政治的启发。戏剧导演**埃尔温·皮斯卡托**（Erwin Piscator，1893—1966）的柏林剧作是与马克思主义剧作家**布莱希特**（Bertolt Brecht，1898—1956）等人合作创作的，这些剧作将各种艺术形式革命性地聚拢在一起。演员、音乐、装饰和电影共同完成了一次现场拼贴。

在**埃尔·利西茨基**（El Lissitsky，1890—1941）的作品中，宣传、照片和标语被融合在具有革命性的文字–图片海报和装置当中。T.J. 克拉克（T.J. Clark）是最重要的现代主义艺术史家之一，他把利西茨基 1928 年在科隆举行的国际新闻展览会上设计的苏联馆称为"所有总体艺术作品中最伟大的……"

公共艺术活动是不同领域的艺术家之间进行创造性合作的由头。1917年的芭蕾舞剧《游行》就是如此，它的制作如今已经成为传奇。这部作品体现了**让·科克托**（Jean Cocteau，1889—1963）多种多样的耀眼才华，但也牵涉了很多不为人知的细节和背后中伤……

还有**佳捷列夫**的俄罗斯芭蕾舞团，他们是实际呈现这件作品的舞蹈演员。

## 现代主义合作的精神

还有无数较小规模的合作。例如，**布莱兹·桑德拉尔**（Blaise Cendrars，1887—1961）借助**索尼娅·德劳内**（Sonia Delaunay，1885—1979）、**弗朗西斯·皮卡比亚**（Francis Picabia，1879—1953）和**费尔南德·莱热**（Fernand Léger，1881—1955）等艺术家为自己的诗歌提供了视觉上的补充。稍后，他又为**罗伯特·杜瓦诺**（Robert Doisneau，1912—1994）在《巴黎郊区》（1949）当中的摄影作品配上了诗歌。

各种艺术形式的混合通常会发生有趣的转变，在以印刷方式编排诗歌来模仿图画的尝试中，这一点尤为显著。阿波利奈尔从战争前线寄来的别出心裁的画外诗，将会激发一个小型的现代主义"具象诗"（concrete poetry）流派。

## 先锋派电影制作

电影本质上是一种合作的艺术形式。先锋派艺术合作最著名的例子就是超现实主义画家达利和电影导演**布努埃尔**(Luis Buñuel,1900—1983)的合作,他们创作了著名的《一条安达鲁狗》(1928)和《黄金时代》(1930)。

抽象动画电影的制作人,例如**奥斯卡·费辛格**(Oskar Fischinger,1900—1967)、**雷恩·莱**(Len Lye,1901—1980)和**诺曼·麦克拉伦**(Norman McLaren,1914—1987),则将音乐转化成一系列活动影像。

## 走向无调性和抽象

音乐和绘画之间的通感联系已经由浪漫主义者加以确立。现代主义又进一步发展了这个观念。如今,声音和颜色被认为因同一种"调性自由"而相互渗透,这解释了为什么二者都向**抽象**的方向发展。

勋伯格在 1911 年创造了 *Klangfarbenmelodie*(音色旋律)这个词,同时与传统的音乐调性语法决裂。与此同时,**康定斯基**(Wassily Kandinsky,1866—1944)在绘画领域创作了他的第一件抽象作品《构图》。

勋伯格与慕尼黑的表现主义"蓝骑士"有联系，后者于1911年由康定斯基、**弗朗茨·马克**（Franz Marc，1880—1916）、**保罗·克利**（Paul Klee，1879—1940）等艺术家创建。马克立刻抓住了勋伯格的无调性实验和康定斯基的抽象之间的对应关系。

你能想象一种调性（即对任何一种音调的遵循）被完全中止的音乐吗？在听这种音乐时，我经常想起康定斯基的巨幅作品《构图》，它也没有任何调性的痕迹……还有康定斯基"跳跃的点"，因为这种音乐的每个音调听起来都好像留在自己的位置上（就像各个彩色的点之间露出的**白色画布**）。勋伯格的出发点是以下原则，即根本不存在什么和谐音与不和谐音的概念。

## 有没有一种与实践相关的现代主义理论？

我们可以看到现代主义艺术是如何相互解释和彼此维系的。不过，是否有某种更深的意义，在这个意义上它们源于一种共同的哲学？是否存在一种可以被认为在所有艺术门类中保持一致的统一体？

下面这个观念是一个反复出现的主题，即认为艺术是"建构出来的"——图像和文字不会完全透明地呈现世界（就像从一扇窗子看世界）。立体主义和未来主义艺术家关注的是在一个截然不同的现代环境中发生的视觉过程。

我们提出的不仅是"我们看到了**什么**不同的东西？"这个问题。

一个新环境、新机器、新的交通方式等。

但更有趣的问题则是："我们**如何**用不同的方式去看？"

艺术家并没有对这个问题给出一个单一的答案，但他们都用不同的图像策略暗示：这个世界的视觉意义不是被赋予的，而是被建立和**建构**出来的。

一系列类似的问题激发了像勋伯格这样的作曲家和先锋派建筑师的创作。但是，这些问题特别明确地出现在作家对语言的态度中，出现在**詹姆斯·乔伊斯**和**格特鲁德·斯泰因**（Gertrude Stein，1874—1946）等小说家的作品中，以及布莱兹·桑德拉尔和庞德等诗人的作品中，出现在未来主义者的"自由中的文字"方案中。

现在就开始，就像重新开始一样。作品并不在那里。它将会出现在那里而我们在这里。对我们来说，这自然只是之前的事。之后还要加一些东西。

## 结构语言学

可以认为，先锋派现代主义者的创新作品与**索绪尔**（Ferdinand de Saussure，1857—1913）的结构语言学有关。在 1916 年出版的《普通语言学教程》中，索绪尔分析了语言是如何在与实在的关系中被构造出来的。他最基本的想法涉及**能指**（signifier）与**所指**（signified）之间的关系。

索绪尔的另一个原则是，语言中的意义仅仅来自于能指链的差异和关联。

那些推翻语言约定的现代主义者都同意索绪尔的观点，认为语言习俗具有"任意构造性"。

在索绪尔语言学和许多现代主义作家创造性的文字游戏之间,并不存在简单的因果关系。颇有讽刺意味的是,没有一个现代主义者知道索绪尔,他是在去世以后才随着结构主义、符号学和后结构主义的发展而变得重要的。

另一位比索绪尔晚一代的语言学家也很有影响力,他就是**雅各布逊**(Roman Jakobson,1896—1982),在他的著作中,他把对语言学的兴趣与对现代主义诗人作品中语义错位的兴趣结合起来。

## 现代主义与哲学的关系

在现代主义实践者和重要的现代哲学家的作品之间,理论和创造性实践之间复杂的相互作用也很明显。目标的巧合有时候并未直接言明。这是布莱希特对马克思的评论……

当我读到马克思的《**资本论**》时,我理解了自己的戏剧……当然不是说我发现自己已经无意识地写了一大堆马克思主义戏剧,而是说,马克思是我无意中发现的我唯一的观众。

**维特根斯坦**（Ludwig Wittgenstein，1889—1951）、**柏格森**（Henri Bergson，1859—1941）、**胡塞尔**（Edmund Husserl，1859—1938）、**海德格尔**（Martin Heidegger，1889—1976）等哲学家都对现代主义知识分子和艺术家产生了各种影响，其中有些影响很深刻，有些则比较表面化。

我的逻辑实证主义哲学研究探究了语言与实在概念之间的关系。

我将"绵延"（duration）分析为时间上连续的经验，而这与"意识流"之类的现代主义技巧之间存在明确的联系。

但是他的"**生命活力**"概念超越了美学的范畴，影响了克里孟梭之类"战争领袖"的花言巧语。

胡塞尔是第一个发展**现象学**的人：现象学在根本上不同于**理性主义**和**观念论**，它关注的是对事物自身的感知。海德格尔现在因其与纳粹党之间的可疑牵连而更加出名，他曾把老师胡塞尔的研究成果扩展到对"存在问题"的艰深探索，这种探索有时候因其晦涩难懂而为人诟病。

## 科学与社会学

推动现代主义感觉结构产生和发展的不只有哲学家。20 世纪也涌现了大批科学家、社会学家以及其他思想家,其中的关键人物就是**爱因斯坦**(1879—1955)。

涂尔干(Emile Durkheim,1858—1917)和**马克斯·韦伯**(Max Weber,1864—1920)是社会学的两位创始人。**葛兰西**(Antonio Gramsci,1891—1937)——墨索里尼曾想"封存"他的脑袋 20 年——为马克思主义政治文化思想提供了富有原创性的再阐释。

## 还有马克思、尼采以及……

马歇尔·伯曼（Marshall Berman）关于现代主义有一本非常有趣的书——《一切坚固的东西都烟消云散了》（1982），其中提出了一个有争议的说法：现代主义的重要先驱者和参与者其实都是19世纪的人。伯曼认为，歌德、马克思、尼采、波德莱尔和陀思妥耶夫斯基对现代社会的矛盾持开放态度，尽管他们攻击他们的时代环境……

……并努力折毁它或者从内部推翻它，但他们都觉得生活在其中十分自在，并意识到它的各种可能性……

……他们在极端的否定中保持肯定，甚至在他们最为严肃或最为怀疑的时刻仍保持幽默和讥讽。

## 各种影响的交叉互渗

所有这些重要的思想家都可以被看成对各种各样的想象和智力活动产生了影响。但这些影响的形式和性质是复杂的,并不总是容易描绘。有时候,影响的范围是从地理上来界定的。

德国哲学家**黑格尔**(G.W.F. Hegel,1770—1831)不仅极大地影响了哲学在德国的发展方向,还通过**科耶夫**(Alexandre Kojève,1902—1968)的学说影响了整整一代法国现代哲学家。同样,源自胡塞尔及其门徒海德格尔的现象学传统对欧洲大陆的哲学和作家产生了巨大影响,其中包括**梅洛-庞蒂**(Maurice Merleau-Ponty,1908—1961)和**萨特**(Jean-Paul Sartre,1905—1980)——但该传统在英国基本上被忽视了。柏格森以其"生命活力"概念在法国产生了巨大影响。维特根斯坦和整个维也纳逻辑实证主义传统专注于语言、逻辑与实在之间的关系,主要在英语世界留下了印记。

## 文学跨界

有很多现代主义作家、小说家和诗人从事批评和理论工作。**亨利·詹姆斯**（Henry James，1843—1916）在其晚期作品的序文中表现出了现代主义的鉴赏力，而这种鉴赏力也贯穿在他的小说当中。**弗吉尼亚·伍尔芙**的随笔《贝内特先生和布朗夫人》与《现代小说》则提供了有关现代主义精神与现代世界如何互动的见识。艾略特的散文是其诗歌的补充。法国作家**雷蒙德·凯诺**（Raymond Queneau，1903—1976）和墨西哥作家**奥克塔维奥·帕兹**（Octavio Paz，1914—1998）则一下子就从理论转向诗歌。阿根廷作家**博尔赫斯**（Jorge Luis Borges，1899—1986）的作品可以看作是将现代主义哲学转化为短篇小说的形式。

书架上没有比这更好的了。

理论和想象的协同作用是双向的。例如，伟大的法国人类学家**克洛德·列维－斯特劳斯**（Claude Lévi-Strauss，1908—2009）的著作不只是发挥了学术的作用。《忧郁的热带》（*Tristes Tropiques*, 1955）既是一次自传体的航行，也是一次哲学和人类学的探索。奥克塔维奥·帕兹在阅读列维－斯特劳斯的著作《生与熟》（*Le Cru et le cuit*，1964）时评论说……

## 现代主义与原始主义之间的关系?

另一种与理论的联系则并非与精心阐述的哲学相关,而是与感受及观念的"深层"联系。这些都包含在与"原始主义"和非理性事物相关的一系列概念中。

原始主义回应了现代主义对现代性的反映。

一切现代主义作品都在某个方面是"原始主义"的——但不总是明显的"表面上"的原始主义。

例如,没有什么比**蒙德里安**(Piet Mondrian,1872—1944)的画作更能称得上是"经典的"(或者说老套的)现代主义了,但它起源于神智学神秘主义,也就是一种另类的原始主义。

## 原始主义是种族中心论吗?

原始主义可以被看成是**种族中心论**的——从你自己的、具有明确社会和文化边界的观点来评判一切事物,包括各种人及其价值观;原始主义也可以隐含在**殖民主义话语**当中,而后者至少暗示了对性和本能的偏见与焦虑。

你可以在毕加索 1907 年的作品《亚威农少女》当中看到最明显的"原始"形式。

非洲面具和仪式化的头颅被放置在女性的裸体上。

在这里,就像在别处一样,被看成是原始形象的正是女性。

在**斯特拉文斯基**的芭蕾舞音乐《春之祭》(1912)中就有原始的东西。艾略特对《荒原》的注释中,在提到**詹姆斯·弗雷泽**(James Frazer,1854—1941)关于原始神话的著作(《金枝》)时说,原始的东西是以伪造的形式出现的(艾略特自己在 20 世纪 50 年代也承认了这一点)。

一群被称为"野兽派"的艺术家,特别是**马蒂斯**(Henri Matisse,1869—1954)、**安德烈·德朗**(Andrè Derain,1880—1954)以及**莫里斯·德·弗拉芒克**(Maurice de Vlaminck,1876—1958),被认为是最早将非洲艺术系统地融入其作品的艺术家。

对他们来说,这种属于他人的"天真"的流行艺术既是童真的回归,又是一种进入原始的、伊甸园般的"奢华、宁静与欢乐"(*luxe, calme et volupté*——马蒂斯一幅画作的标题)的方式。

## 表现主义的原始主义

"**桥社**"是 1905 年在德累斯顿成立的表现主义画派,深受非洲艺术和海洋艺术的影响,同时也受到**梵高**(1853—1890)和**高更**(1848—1903)画作的影响。**恩斯特·凯尔希纳**(Ernst Kirchner,1880—1938)和**埃里希·赫克尔**(Erich Heckel,1883—1970)是其中最有名的成员。

我们的艺术同时也会产生深刻的感官愉悦——通常都会清晰地展现具有明确性特征的裸体。

以及机械而生硬的表面"风格"。

你可以在赫克尔的《玻璃日》(*Day of Glass*,1913)中看到这种紧张或矛盾,它描绘了一个裸体女人(用女性暗指自然和"高贵的野蛮人")浸没在一幅玻璃碎片般的风景中。

原始的元素与男性主义性征、殖民主义以及绘画创作的具体行为杂糅在一起,这在康定斯基关于绘画学习的论述中特别突出。

我学会了与画布斗争,逐渐认识到它是一种抵制我的愿望(也就是梦想)的东西,并强迫它屈从于这个愿望。起初,它就在那里,就像一个拥有清澈眼睛和神圣喜悦的纯洁处女……然后是恣意挥洒的画笔,它先在这里,然后在那里,逐渐用它特有的能量征服了画布,就像一个欧洲殖民者,进入尚未经人染指的、野性的原始自然,按照他的意愿用斧头、铁锹、锤子和锯子将它塑造成这样。

## 文学中的原始主义

"原始"可以通过更隐晦也更心照不宣的方式加以暗示,就像艾略特1925年的诗集《空心人》扉页引用的**康拉德**(Joseph Conrad,1857—1924)中篇小说《黑暗之心》(1899)的开场白。

或者我们也可以看看 D.H. 劳伦斯的小说,这些作品把原始性作为一种复归本能的、纯正的事物加以称颂。

对"原始"的再现和唤起充满着矛盾。**埃米尔·诺尔德**（Emil Nolde, 1867—1956）的风景画中，表现主义的原始主义通过强烈的、流动的色彩得以表现。但现代主义政治的阴暗面则以一种发人深省的方式巧妙地呈现了自身。

反智的表现主义绘画与法西斯主义之间的联系，可以追溯到对情感和深厚的部族血脉的诉求。类似地，人们也可以把**莱妮·里芬施塔尔**（Leni Riefensthal，1902—2003）称颂希特勒的电影《意志的胜利》（1933）和她战后拍摄的、赞美非洲努巴武士的摄影作品看作是一脉相承的。

## 现代主义与心理分析之间有什么联系?

**马克斯·诺尔道**(Max Nordau,1849—1923)在其巨著《退化》(*Entartung*,1892)中对世纪末的现代主义提出了一个权威性的精神病诊断。他把整个欧洲的艺术和文学精英都贬为不可救药的堕落、整体的衰弱和呆滞。

……应该立刻加以收容的寄生虫一代。他们因自身的贫乏而注定消失。

现代艺术是退化的"返祖现象"的症状,而一个理性、进步的(也就是"健康的")世界在未来是不会对它们产生兴趣的。从一开始就存在着一种重要的负面看法,即认为现代主义不是一种被现代性激活的能量,而是一种**因颓废而疲惫的不适**。精神病学,连同犯罪学和优生学当中的社会达尔文主义理论一起,宣告了对欧洲种族"健康状况"的严重焦虑。

## 弗洛伊德的原始主义

**弗洛伊德**(Sigmund Freud,1856—1939)引入了一种现代主义的心理动力理论,用它来取代19世纪晚期精神病学生物决定论者的悲观和阴郁。

原始的和非理性的东西肯定存在,但是存在于隐蔽的、未经探索的领域,即性和无意识的领域——这些领域现在可以由心理分析来**科学地**加以研究。

弗洛伊德的科学探求所要寻求的,是对人类行为中经常出现的无理性要素的一种理性解释和人道"治疗"。为此,他采取了现代主义的原始主义策略——例如,使用俄狄浦斯神话来分析童年性欲的叙事,或是可以追溯到古代魔法占卜的"梦的解析"。

## 弗洛伊德的影响

弗洛伊德的革命性观点给20世纪的现代主义和现代性留下了不可磨灭的印记。他的著作对精神分析作为一种疗法、一种研究人类行为和认知的科学系统的发展产生了不可估量的影响。

他的各种观点（我们甚至可以说他的各种发明）为后世的艺术家和思想家提供了极为丰厚的资源，这些观点涉及无意识（1900年出版的《梦的解析》首次提出了这个概念）、婴儿性欲、俄狄浦斯情结、恋物癖等诸多主题。

对于**托马斯·曼**、**卡夫卡**（Franz Kafka，1883—1924）、**乔治·巴塔耶**（Georges Bataille，1897—1962）之类的作家，或者与**斯特林堡**（August Strindberg，1849—1912）和**阿尔弗雷德·杰瑞**（Alfred Jarry，1873—1907）等人截然相反的剧作家，又或者像**爱德华·蒙克**（Edvard Munch，1863—1944）、**马克斯·贝克曼**（Max Beckman，1884—1950）、**奥托·迪克斯**（Otto Dix，1891—1969）、**汉斯·贝尔默**（Hans Bellmer，1900—1975）、**琼·米罗**（Joan Miró，1893—1983）、**萨尔瓦多·达利**、**乔治·德·基里科**（Giorgio de Chirico，1888—1978）和**雷内·马格利特**（René Magritte，1898—1967）这些风格各异的画家来说，弗洛伊德对他们究竟有什么重要性呢？

> 对我们来说，问题不在于弗洛伊德的理论及其治疗方法最终是不是正确的……

> ……而是，他的理论和方法如何令一种革命性的、令人不安的**新视角**成为现实。

不仅通过科学和经验的证明，而且通过对神话和诗学的复杂表述，弗洛伊德引人注目的叙述——比如鼠人、小汉斯、朵拉等人的个案史——影响了象征主义以及记忆、压抑和反抗之类的主题，因此其本身就是现代主义的顶级杰作。

## 弗洛伊德是如何"渗透"的?

弗洛伊德为无数艺术家、作家、哲学家和音乐家所接受,但是他们接受弗洛伊德的方式因其各有所需而大不相同。有些人,如英国小说家 D.H. 劳伦斯,只是断断续续地接受了一些弗洛伊德的观点,然后就用一种独特的方式,运用精神分析的发现来深入探究关于性的问题。

我从未完全认同作为学科的精神分析。

……弗洛伊德运用理性的分析方法来探究无理性的精神领域,在我看来这完全是误入歧途。

**多萝西·理查森**（Dorothy Richardson, 1873—1957）在其长达 13 卷的小说《朝圣》(*Pilgrimage*, 1915—1938）当中运用了所谓的"意识流"方法，詹姆斯·乔伊斯在其经典小说《尤利西斯》（1922）中也运用了这种方法，这在某种程度上都得益于弗洛伊德的某些观点，比如关于无意识的心灵如何将完全不同的形象和感觉结合在一起。

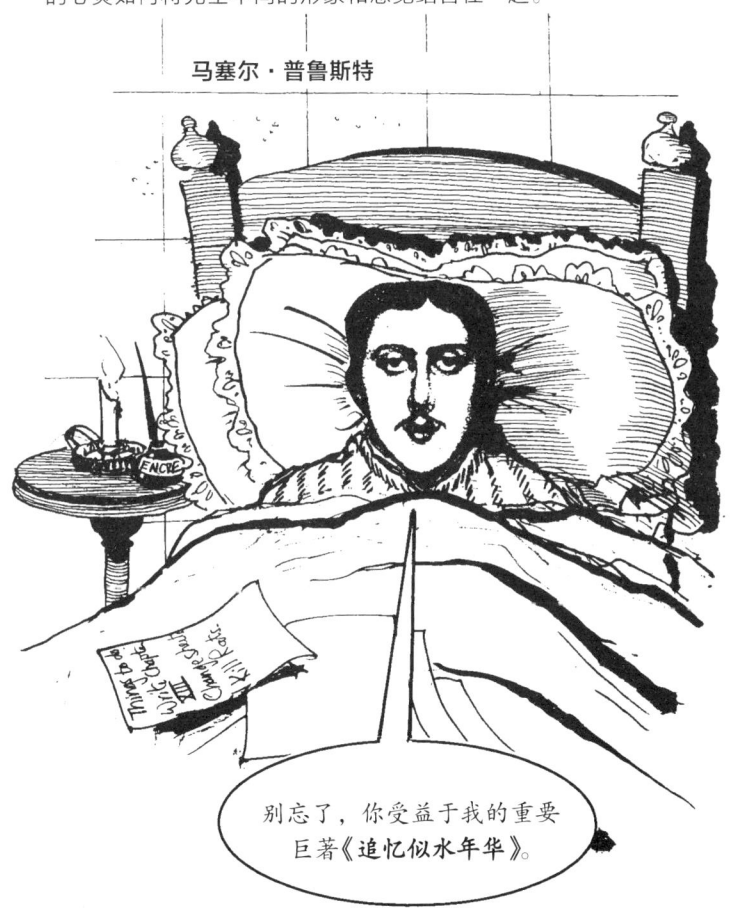

**马塞尔·普鲁斯特**

别忘了，你受益于我的重要巨著《追忆似水年华》。

"意识流"揭示了一个人物的深层自我——弗吉尼亚·伍尔芙将之作为"心理学的黑暗之处"而加以推崇。它现在已经成为小说创作中的一个常见特征。

## 这个世界最伟大的听众

"意识流"是心理学家**威廉·詹姆斯**(William James,1842—1910)杜撰出来的一个术语,它通常被认为是一种小说创作的技术,但是其他的艺术形式也采取了精神分析的视角。俄国电影制片人**谢尔盖·爱森斯坦**(Sergei Eisenstein,1898—1948)与乔伊斯讨论了有没有可能创作这样一部电影。

要具体衡量弗洛伊德的影响几乎是不可能的,哪怕只是在文化领域。1939年,弗洛伊德逃离了纳粹治下的奥地利,在流亡伦敦时去世,W.H.奥登(W.H. Auden)对其"不确定的技巧"表达了敬意。

……就算他时常犯错,有时候甚至错得离谱,但对我们而言,他不仅仅是一个人,更是一种整体的思想氛围。

我们在他的影响下完成我们不同的人生。

## 精神分析与超现实主义

不过**超现实主义**是一个特定的运动,它明确地、全心全意地接受弗洛伊德的思想,以达到自己的创作目的。

**达达主义** 1916 年兴起于苏黎世,是超现实主义的先驱之一。

它公然且狂热地反对理性主义,而它最初的呈现形式则是虚无主义的。

我们将苏黎世的伏尔泰酒馆作为即兴活动场所。

其成员和旅居艺术家包括科隆的**马克斯·恩斯特**(Max Ernst,1891—1976)以及汉诺威的**汉斯·阿普**(Hans Arp,1886—1966)、**特里斯坦·察拉**(Tristan Tzara,1896—1963)、**弗朗西斯·皮卡比亚**以及**库尔特·施威特斯**。**马塞尔·杜尚**(Marcel Duchamp,1887—1968)尽管不是正式的达达主义者,却与达达主义者志趣相投。他著名的"现成品"——小便池、瓶架以及其他"被发现的物品"——提出了一个问题:是什么构成了艺术?

一般来说,达达主义是非政治的或虚无主义的,但**柏林达达主义**(Berlin Dadaism)的计划更具政治色彩。其中一些成员与德国共产党(KPD)有联系,几位艺术家受其滋养,在接下来的数十年间声名鹊起。

**库尔特·维尔**(Kurt Weil,1900—1950)

布莱希特

我们合作完成了《三毛钱歌剧》(1928)。

乔治·格罗茨(George Grosz,1893—1959)

约翰·哈特菲尔德(John Heartfield,1891—1968)

我创作了一些最为热切的意象,反映凋敝的德国。

我让蒙太奇照片变成一件精准的政治武器,来反击纳粹主义的兴起。

1922年,达达艺术展会的一条横幅上写着:"艺术已死。塔特林的新机械艺术万岁!"

## 超现实主义诞生宣言

许多达达主义者随后转向了超现实主义。正是与超现实主义在一起，精神分析转向才变得明确。不过超现实主义是**安德烈·布勒东**于 1924 年在巴黎正式提出的。它用宣言宣告了自己的诞生。

……我们假装不再关心我们的精神世界的一部分，而在我看来这个部分是迄今为止最为重要的，它现在又重见天日了。为此，我们必须感谢弗洛伊德的成果。在这些成果的基础上，当下的思潮最终形成，通过它，人类探索者将能够进行更深入的探究。而当他由此不再将自己局限于概要式的现实，他也就被认可了。这种想象或许是要重新申明自己，重新申张权利。

这份宣言包含了许多主题和问题，它们将成为超现实主义者的关注点。

"**精神世界**"：超现实主义者不断地被心理学及其为日常世界所带来的洞见所吸引，特别是受到弗洛伊德分析的无意识及其所有属性的吸引，而这正是布勒东所强调的。

"**探索者**"：指的是那种探索处女地和存在的原始内核的艺术家，但也暗示了与民族志之间的联系。

而且最重要的是，反对理性的命令而推崇**想象力**。

这份宣言也包含了超现实主义的一个悖论性的方面——它需要寻求"权威认可"。

我要把那些偏离规则的艺术家和作家"开除教籍"！——就好像是将他们逐出某种**教派**。

布勒东总是极其仔细地监管我们的活动和宣言。

## "不可能的梦"

在超现实主义者的计划中，有一个非同寻常的"赌注"，而他们最终无法赢得这个赌注。

这是一种将**梦/作品**——基于无意识和性欲而创作的作品——与政治分析结合起来的尝试。

试图通过想象来融合弗洛伊德和马克思的革命性洞见。

所以这不只是挪用弗洛伊德的象征和意象（比如俄狄浦斯形象）的问题，而且还要**处理**潜意识文本。这就涉及政治层面——不仅要探索他们自己的梦，还要探索集体的梦和社会神话，要超越实在的表面，去发现真实的隐藏意义。

**安东尼·阿尔托**（Antonin Artaud，1896—1948）所进行的"社会性僭越的"冒险是最有力也最令人不安的。他的《**残酷剧场**》（*Theatre of Cruelty*，1938）被设计成一场瘟疫般的、疯狂的驱除社会恶魔的仪式。

如果说戏剧的本质就像瘟疫，这并非因为它能够传染，而是因为它就像瘟疫一样，是一种启示，是披露和外化深藏的残酷，而所有有悖常理的精神潜能都将这种残酷置于一个人或一个民族身上……

　　超现实主义者**乔治·巴塔耶**通过对于色情、哲学和民族志的糅合，打破了文化禁忌。他创立了"神圣社会学学院"来开展如今备受瞩目的、反常规的超现实主义研究。

"超现实"如今已成为一个家喻户晓的形容词。我们通常用它来指称一切不协调的或是怪异的东西。

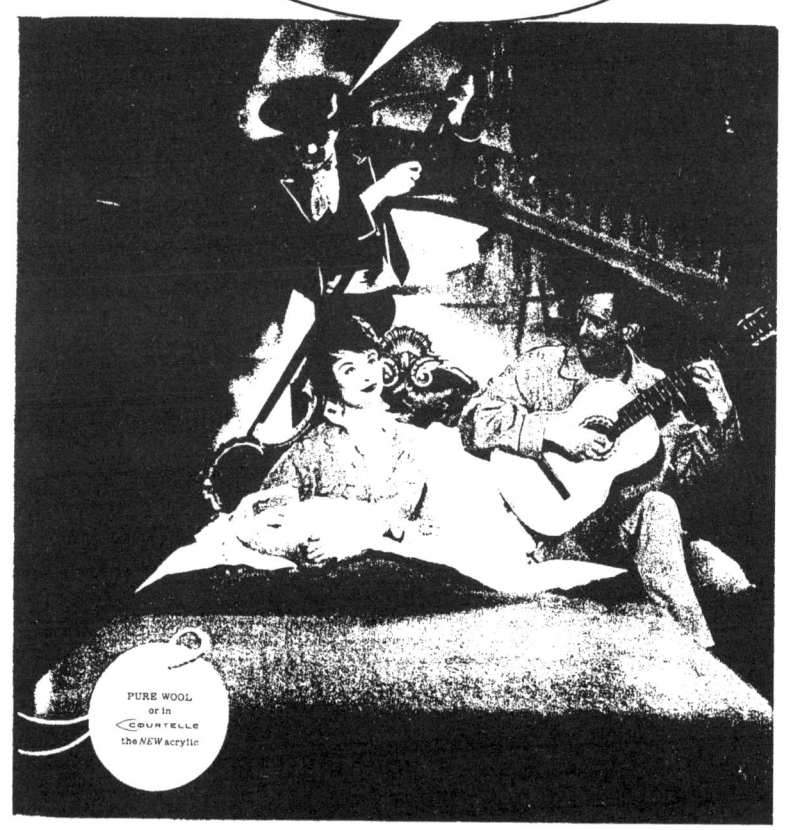

**奢华之梦——双倍拥有！**

颇有讽刺意味的是,超现实主义的最初计划是要彻底改变我们的感知,让我们用全新的眼光来看待日常的事物,如今竟然在消费社会最为商业化的方法中得到应用。或许我们应该把19世纪的格言"一切艺术都趋向于音乐"改写为"一切现代主义艺术都趋向于广告"。

很多超现实主义电影直接受到精神分析的启发。布努埃尔和达利合作的两部电影就是——《一条安达鲁狗》和《黄金时代》——就是其中最著名的。

这两部电影在巴黎公映时,我们制造了一桩丑闻。

电影史上最精心制作的、不忍卒读的一个镜头——一把剃刀划开眼睛,这就是我们在《一条安达鲁狗》当中取得的重大胜利。

由**杰曼·杜拉克**(Germaine Dulac,1882—1942)创作、安东尼·阿尔托担任编剧的《贝壳与牧师》(*The Sea-Shell and the Clergyman*,1927)是另一件超现实主义的视觉作品,它将怪异和日常糅合在一场有关追逐的故事中。

## "梦工厂"

但是,无意识的、梦境般的诡异叙事并非仅仅直白地出现在超现实主义电影中。就连商业化的好莱坞"梦工厂"出品的电影,也常常带有超现实的色彩。所有类型的电影都适合进行超现实的处理。

电影常常被比作梦境,这绝非偶然。通过特写镜头和蒙太奇,通过综合使用各种日常效果、特效乃至非凡效果,电影可以超越其模拟的表面而深入挖掘内在。对此,**瓦尔特·本雅明**(Walter Benjamin,1892—1940)在 1936 年发表的《机械复制时代的艺术作品》里有明确论述。

他还正确地指出,在一幅达达主义作品中(他也可能举其他"困难的"现代主义艺术为例)让不知情的观众感到困惑的想法,在电影这种媒介中会立刻得到理解。卓别林和格劳乔·马克斯(Groucho Marx)在他们的喜剧中都是"达达主义者"。

## 城市在现代主义中有什么作用?

现代性和现代主义都集中在大都市和都市文化中,比如巴黎(300万人口)、伦敦(500万人口)、柏林(200万人口)以及纽约(500万人口)。在第一次世界大战爆发前的数年时间里,这些国家的经济和人口都出现了指数级增长。

这些发展催生了工业化的大众社会,他们渴望一切形式的消费品、时尚和娱乐。在全社会的渴望和欲望的推动下,新涌现的这些城市人群沉溺于"夸示性消费"(富裕阶层显示其物质成就和社会地位的一种方式)。

## 人群

城市人群既是一种不具名的现象——个人得以藏身其中,也是身份得以发明的地方(关键是,有时是政治身份)。人群成为一种反映价值冲突的重要形象,而这些价值冲突与现代的都市环境有关。

1917年,革命群众受到列宁、托洛茨基慷慨激昂演说的鼓动。

人群一片混乱,就像**金·维多**(King Vidor,1894—1982)的电影《人群》(1928)所描绘的那样,或者就像**马塞尔·卡尔内**(Marcel Carné,1900—1996)的《天堂的孩子》(*Les Infants du Paradis*,1945)的结尾所描绘的那样。

## 人流……

　　人群是密集的城市人口和"正在发展"的历史的有力象征。它为艾略特的《荒原》中一段发人深省的诗句提供了素材。

不真实的城市，在冬季拂晓的棕色雾下，一群人流过伦敦桥，如此之多，我未曾想过死亡已经释放如此之多。

　　人群流动，随波逐流——仿佛这座城市的本质已经屈从于无法躲避的自然力量。

## ……以及浪荡子

**波德莱尔**在其著作中创造了都市浪荡子（flâneur）这一重要形象。浪荡子是现代生活的"主角"，一位身在其中的观察者……

……既是一位博闻又老到的局内人，也是一位批判的、匿名的局外人；既是一个花花公子，又是一名侦探。

我跟随波德莱尔的**浪荡子**的足迹，特别是在我关于巴黎拱廊街的未完成的计划中。

对瓦尔特·本雅明来说，现代城市生活的诱惑和魅力就在于它的表层叙事——短暂、易变又新奇。在穿过大都市巴黎的中心时，玻璃覆盖的全新拱廊或通道是都市陈列和消费的绝妙隐喻：私人的和公共的，内部的和外部的。

## 城市作为叙事

若没有城市,现代主义艺术就不可想象。无论是作为背景还是核心人物,我们都很难不在小说或电影中发现一座真实或虚构的城市。城市正是现代主义小说代表作的素材,例如**阿拉贡**(Louis Aragon,1897—1982)的《巴黎的农民》(1926)、**帕索斯**(John Dos Passos,1896—1970)的《曼哈顿中转站》(1925)、**多布林**(Alfred Döblin,1888—1957)的《柏林亚历山大广场》(1929)、乔伊斯的《尤利西斯》(1922)。这样的例子不胜枚举。

不同活动的同时发生，行程和运输方式的交叠，人与物的偶遇，这些都为电影提供了即时可用的情节和故事。

**弗里茨·朗**（Fritz Lang，1890—1976）的《大都会》（1926）和《M》（1931）是两部非常著名的电影，它们充分运用了城市的表现力和戏剧潜力。**维尔托夫**（Dziga Vertov，1896—1954）的《持摄影机的人》（1929）和**沃尔特·拉特曼**（Walter Ruttman，1887—1941）的《柏林，城市交响曲》（1927）更具实验性，探索了城市中具有诗意的日常。

# 大都会

好莱坞制作了无数利用城市景观的电影。"黑色电影"（*film noir*）则特别探索了反乌托邦美国的黑暗角落和暴力街道，这一探索值得铭记。

## 建筑师的乌托邦

城市也可以充当乌托邦式的地图。未来主义建筑师**安东尼奥·圣埃利亚**（Antonio Sant'Elia，1888—1916）设计了宏伟的城市景观（尽管从未实际建造）。影响深远的德国设计学院**包豪斯**（Bauhaus），是由建筑师**格罗皮乌斯**（Walter Gropius，1883—1969）和**凡德罗**（Ludwig Mies van der Rohe，1886—1969）创立的，格罗皮乌斯在 1919 年至 1928 年担任学院的负责人。

格罗皮乌斯

有时我们很难区分乌托邦和反乌托邦。圣埃利亚令人兴奋的城市全景与弗里茨·朗的电影《大都会》中梦魇般的气质非常相似。

但是，如果有一个名字能让人想起创造乌托邦式建筑和城市的尝试，无论多么具有误导性，这个名字都是备受争议的**勒·柯布西耶**。他把房子看作"居住的机器"，当这个想法扩展到城市，其间的街道将变成"为交通服务的机器"。

他对未来的乌托邦式设计现在已经与一个不足信的现代主义梦想——我们当代都市的反乌托邦——联系在一起。

勒·柯布西耶对城市的想象是驱逐那些不可预测和不正常的东西，"任何东西都不再是矛盾的。一切都按秩序和层级处于应有的位置，井井有条"。

## 为什么现代主义者如此频繁地成为"流亡者"?

现代主义的城市具有向心的作用,将人才和活力纳入自身。欧洲的大城市为这些现代主义移民提供了"庇护"。许多人在自己的土地上是流亡者,是阶层移民(例如立体派画家布拉克),他们的根在外省,却发现了大都市。

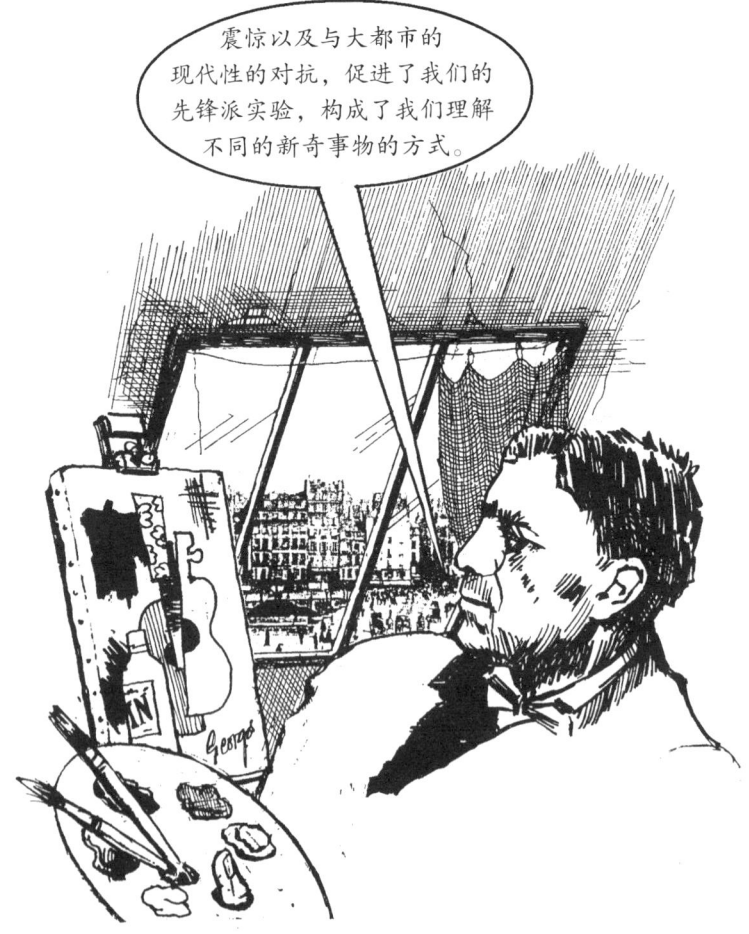

在集体移民的缩影中,也有一些人选择改变国籍。事实上,许多杰出的现代主义者都是这种自我选择的"流亡者"。毕加索和**胡安·格里斯**( Juan Gris,1887—1927)是移居法国的西班牙人。庞德、艾略特和意象派诗人**希尔达·杜丽特尔**(Hilda Doolittle, 1886—1961)则离开美国去英格兰生活。

## 现代主义流浪者

美国的被放逐者"迷惘的一代"——**海明威**（Ernest Hemingway，1899—1961）、**菲茨杰拉德**（F.Scott Fitzgerald，1896—1940）和格特鲁德·斯泰因——在欧洲和巴黎处于被放逐的边缘。

乔伊斯是典型的被放逐者，他有意背弃了爱尔兰。

《尤利西斯》的最后三个词"特利斯特—苏黎世—巴黎"象征着现代主义作家的流浪生活。

阿波利奈尔来自波兰。布莱兹·桑德拉尔离开瑞士，在中国、伊朗和美洲流浪冒险，最终定居巴黎。劳伦斯逃离20世纪20年代英国无聊的藩篱，在欧洲和墨西哥旅行。

我们是多么经常地发现，巴黎往往是旅行的最后一站。巴黎就像一块磁铁，吸引了艺术家和作家。的确，我们可以撰写20世纪最初30年巴黎的文化史，由此来讲述现代主义"英雄"时期或早年岁月。

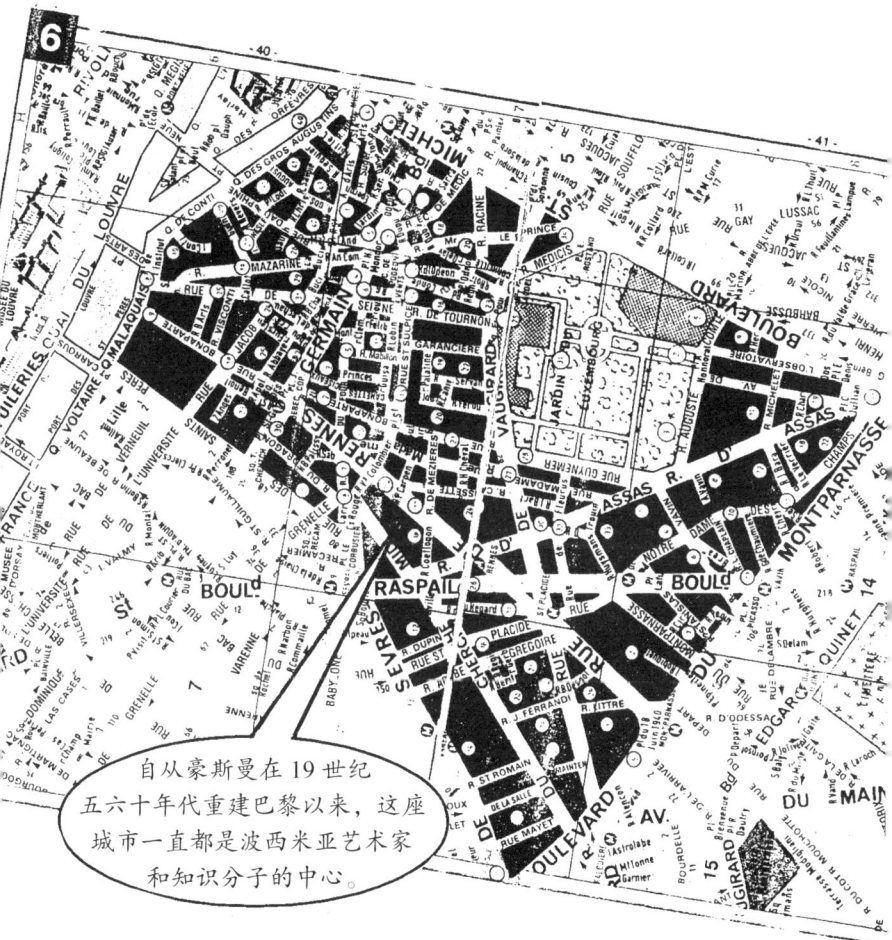

自从豪斯曼在19世纪五六十年代重建巴黎以来，这座城市一直都是波西米亚艺术家和知识分子的中心。

在最伟大的（前）现代主义小说、亨利·詹姆斯于1903年写作的《大使》中，巴黎几乎得到了"精神层面的"重现。亨利·詹姆斯的全部作品都涉及一个问题：对于傲慢、重商、充满活力和乐观心态的美国人来说，欧洲这个古老地区具有一种迷人而又危险的吸引力。

直到20世纪四五十年代，巴黎一直都是最重要的大都市，后来纽约接替巴黎，成为全世界最著名的文化之都。第二次世界大战爆发之前，人们从战火蔓延的欧洲海岸逃亡到美国。最为人所知的例子，是**W.H.奥登**（1907—1973）和**克里斯托弗·伊舍伍德**（Christopher Isherwood，1904—1986）离开了局势严峻的英格兰。20世纪30年代，数百名德国犹太裔反法西斯艺术家、作家和电影人也前往美国。流亡的原因是多方面的。

亨利·詹姆斯的伟大小说，无论是《一位女士的肖像》还是《大使》，核心的关注都在于探索欧洲引发美国人情感方面的冲突和安慰；对庞德来说，那种情感就是沉浸在普罗旺斯游吟诗歌当中的快乐；对艾略特来说，则是要触及一个在工业革命和机器时代之前曾经存在的世界的痕迹，而在那个时代，就像在 17 世纪一样，还存在着文化和共同体的融合（或者说他相信是这样，并试图证明是这样）。艾略特在哈佛学过希腊语和拉丁语，能够阅读意大利文、法文和德文；他早年醉心于拉福格（Jules Laforgue）的诗歌，后者出生于乌拉圭的蒙得维的亚，是法国的"颓废派"诗人。

## 到语言中流亡

流亡可以采取地理形式,也可以采取语言形式。有时则是两者的结合。人们常说,康拉德之所以对英语有精确而深刻的理解,是因为他把英语作为波兰语和法语之外的第三语言来学习。

女性作家有兴趣探索现代性对意识的侵入，她们在另一种"语言放逐"中发挥了作用。例如英国作家多萝西·理查森和弗吉尼亚·伍尔芙，以及美国作家格特鲁德·斯泰因（她生活在法国，遭受地理和男性语言的双重流放）都是很好的例子。

格特鲁德·斯泰因在生命即将结束时接受采访，她说或许自己也和过去的男性写作格格不入。

你看，被接纳的都是那些普遍带有博物馆般陈旧气息的人，新人则不被接纳。你必须接受一个完全不同的事实。接受不同很难，而过去是更容易把握的。这就是为什么乔伊斯被接受了，而我没有。他倾向于过去，而在我的作品中，新奇和差异才是最根本的。

也没准只是因为我是更好、更有趣的作家呢？

## 精英和先锋派在现代主义中都有什么作用?

早期现代性很难摆脱精英问题。诺尔道的精神病学分析主要关心"社会预防治疗",以保护进步的欧洲精英不受颓废现象的污染。**帕累托**(Vilfredo Pareto,1848—1923)、**加埃塔诺·莫斯卡**(Gaetano Mosca,1858—1941)、**马克斯·韦伯**等人的社会学则集中于精英问题及其在社会中的作用。

一支精英"战略力量"是列宁思想的核心,它在无政府主义者、民粹派恐怖分子以及**乔治·索雷尔**(Georges Sorel,1847—1922)等政治理论家中广为流传,这些人中既有左翼,也有右翼。

## 先锋主义是"纯粹的"现代主义吗?

"**先锋派**"这个词往往与现代主义相关。对于许多评论家来说,各种各样的先锋运动都是现代主义。它们以其最纯粹、最有活力的形式呈现了现代主义方案。但是我们可能会发现,先锋派(在特定的历史时刻处于文化前沿)和现代主义(描述了一种更普遍的趋势)之间的具体差异,令我们得以为海明威这样的作家定位。

只要现代主义被理解为一种"感觉的结构",而与那种涉及理论声明的先锋派立场无关,海明威就可以被恰当地描述为一位现代主义作家。

Avant-garde 在法语中是一个军事术语,指的是先锋队或突击部队。在 19 世纪的法国,它最早被用来比喻艺术运动"超前"于广为人知的观念和传统。军事比喻有其缺点。

先锋派成功只是就其资质、前沿地位以及未受质疑而言的。当一种风格或一种态度得到广泛接受并且司空见惯,那种艺术也就完蛋了,对抗大众糟糕鉴赏力的战争也就失败了。

## 先锋派的凝聚力

先锋派在其他方面确实类似于军事编队。它构建和维护一个团体身份,它制定一套战术和实施策略。哪怕是最具颠覆性的先锋群体也有一种群体归属感。艺术家和作家来来往往,但他们至少最初都有一套共同的目标,他们也乐于通过这些目标而相互联结。

成为创始成员至关重要。要在中途加入一场运动是很困难的。**威廉·燕卜荪**(William Empson,1906—1984)是英国诗人和评论家,他在谈到自己是多么钦佩奥登在 20 世纪 30 年代的诗歌及其独特语调时,说道:

……我从来无法做到恰当地仿效。你必须从一开始就加入那场运动。

也许在我们的"追忆似水年华"中,我们只是根据几张蒙帕拿咖啡馆(又或许是穹顶咖啡馆)外面拍摄的照片,就在这个基础上进行虚构、构造、想象出关于共同追求、偷来的吻和完美理想等故事。**保罗·艾吕雅**(Paul Eluard,1895—1952)将手臂搭在毕加索及其情人朵拉·玛尔(Dora Maar)身上。乔伊斯、**福特·马多克斯·福特**(Ford Madox Ford,1873—1939)和西尔维娅·比奇(Sylvia Beach)在左岸的莎士比亚书店外面摆姿势拍照。

毫无疑问,有些人之间还是存在特殊的联系的,比如庞德和艾略特之间充满创造性的友谊,或者毕加索和布拉克,他们一度都持有某种立体主义立场。

## 毕加索的同盟

实际上,虽然毕加索充满自信,但是很奇怪,人们似乎常常觉得他另有极富创造力的搭档(如果不是他的新妻子或情人的话)。就好像他是在为后人提供一段故事,说的都是别人给他带来的荣耀:毕加索与阿波利奈尔,毕加索与斯泰因,毕加索与艾吕雅(他们之间的联系除了艺术上的,还有政治上的——法国共产党)。这些紧密的伙伴关系说明了毕加索善于自我推销的人格魅力。

克莱门特·格林伯格(Clement Greenberg)口中的"金色脐带",将人们眼中叛逆的先锋派和赞助人、画廊老板以及有钱的收藏家联系在一起,而毕加索的自我宣传和推销的天才总能令其运转良好。

但是，这些具有创造性的友谊和群体有什么特别新的东西吗？现代主义者表达其归属感（不同于资产阶级的自鸣得意或者工人阶级的无知）的独特方式，就是发表宣言和举办公共活动。

有些先锋派团体可以随意加入。另一些团体比如超现实主义者则受制于法国诗人、辩论家布勒东的高压手段，若严重偏离了宣言的"诫命"，就会受到被逐出的威胁（达利就遇到过这种情况）。

## 现代主义者信奉何种政治？

现代主义者在其声明和宣言中深信——听起来也很有说服力——他们可以提供一些新的东西，相信这种新异性使他们成为艺术家并与众不同。

庞德的格言就表达了这种先锋感……

艺术家是民众的触角。但是顽固的大众永远学不会相信他们伟大的艺术家。

但问题是——现代主义者是否也因为其不同的政治立场而"分道扬镳"？

当艺术先锋派与政治先锋派同时出现，就产生了一个最令人兴奋的文化现象。这种现象在俄国革命时期尤为壮观。

艺术家群体，例如 VKhUTEMAS（"高等国家技术艺术工作室"，1920）和电影制作集团 Feks（"古怪演员工厂"，1921—1929），鼓励艺术家合作创作在政治上具有启发性、在艺术上具有挑战性的作品。

## 保守的现代主义？

现代主义者的政治倾向一直是一个争论不休的问题，尤其是对英美现代主义作家而言。如果现代主义在其最广泛的定义上关乎对现代世界之新异性的回应、关乎激进的变化和创新，那么看来不合常理的是，它的许多最伟大的作家以及部分艺术家在政治领域似乎都持有保守观点。

回想一下 D.H. 劳伦斯的箴言——"永远不要相信艺术家。相信故事"——如果我们想要理解诸多现代主义经典作家和艺术家的政治态度中那些有时被认为是错误的、不合时宜的甚至是令人发指的东西,那么这句箴言就很重要。

众所周知,艾略特的反犹主义体现在他的诗作《带旅行指南的伯班克:叼雪茄的布莱斯坦》当中。提到犹太人时,他使用了小写的"jew":

老鼠在货堆下,
犹太人在那块地下。
钱在裘皮大衣里……

他在 1933 年(这可不是能用政治无知来为自己辩解的时期)的一次演讲中提出了一个说法,加剧了这个"失误"。

为了达成一种稳定的社会秩序,种族和宗教的理由结合在一起,就可以让众多自由思考的犹太人变得不受欢迎。

他此前已经皈依英国国教,并接受了保守派政治的全套礼制。

## 极右的现代主义者

**叶芝**(W.B.Yeats,1865—1939)与爱尔兰政治的关系更为复杂,尽管他那贵族式的迷恋明显是公然支持盎格鲁-爱尔兰统治的,而且在20世纪30年代,他也曾经倾向极端民族主义的爱尔兰法西斯运动。

**温德姆·刘易斯**(Wyndham Lewis,1882—1957)是一位画家和作家,他领导了漩涡派运动(未来主义和立体主义的英国混合体),并公然持有法西斯主义观点。鉴于未来主义者对暴力和机械的狂热赞美,他们当中的许多人(包括马里内蒂)最终都倒向了墨索里尼,这一点也并不太令人感到意外。

现代主义诗人在政治上脱离轨道的最臭名昭著的例子是庞德。在用英语写作的诗人中，他的作品与艾略特的作品都被誉为现代主义精神的典范。但他是一个彻头彻尾的反犹主义者，在第二次世界大战期间，他与意大利法西斯分子合作，通过罗马电台向美军发表狂热的言论。

他后来被宣布精神失常，在精神病院度过了接下来的 12 年。这是一位沉浸于各种文化中的诗人：中世纪的游吟诗、普罗旺斯诗歌、中国诗歌、孔子、日本能剧、希腊诗以及其他各种文明……

## 现代主义的政治错误

我们还可以列举其他转向极右的现代主义者。达利在内战结束后回到西班牙,支持佛朗哥的法西斯政权——这让他以前的超现实主义同道布努埃尔感到厌恶。法国作家**路易－费迪南·赛利纳**(Louis-Ferdinand Céline,1894—1961)信奉一种令人发指的反犹主义,并与纳粹占领者勾结。**皮埃尔·德里厄·拉罗谢尔**(Pierre Drieu La Rochelle,1893—1945)也是如此,他在战争结束时自杀。正如我们将看到的,他们对第一次世界大战的体验——谎言、背叛和徒劳的屠杀——与他们的决定有很大关系。

## 进步的现代主义者代表

毕加索曾经短暂加入法国共产党。他的画作《格尔尼卡》(1937)为西班牙反佛朗哥抵抗组织提供了支持。也有一些坚定的艺术家和作家,对他们来说,形式审美层面上的创新与前瞻的政治思想是完整结合的。对于20世纪20年代堪称典范的俄罗斯艺术家和作家来说尤其如此——比如**马列维奇**、**罗申科**(Aleksandr Rodchenko,1891—1956)、**利西茨基**、**塔特林**、**马雅可夫斯基**(Vladimir Mayakovsky,1893—1930)以及**梅耶霍尔德**(Vsevelod Meyerhold,1874—1940)。

我们已经提到过德国剧作家和诗人布莱希特。

  W.H. 奥登是左派，至少在他移民到美国之前是这样。莱热是一位坚定的马克思主义画家，他把抒情的机器和革命的身体交织在一起。墨西哥壁画家**迭戈·里维拉**（Diego Rivera，1886—1957）支持托洛茨基派的共产主义。

## 没有谁是完美的……

应该注意的是,在现代主义者和现代性的批评者当中,进步观点可能占多数。当然也有例外——比如海德格尔这样的主要人物。甚至那些持有左翼政治立场的人士也不总是那么"正确"。

种族问题依然暗中存在,当它们和"东方主义"、原始主义、异国情调和情色等话语同时出现时,就会变得非常复杂。

现代主义运动具有男性偏见,其程度相当惊人……

很少有公认的"女英雄"。

希尔达·杜丽特尔,格特鲁德·斯泰因,弗吉尼亚·伍尔芙,**蒂娜·莫多蒂**(Tina Modotti,1896—1942),**弗里达·卡罗**(Frida Kahlo,1910—1954),**茨维塔耶娃**(Marina Tsvetayeva,1892—1941)……性别和种族是诸多现代主义实践中明显的盲点和遗漏。女权主义和后殖民理论也一直试图解决这些问题,即使是在进步的意识形态主流语境中。

## 现代主义如何与大众文化相联系?

现代主义的精英主义、先锋主义和政治,与大众文化之间的关系十分复杂和棘手。理解二者的关系将帮助我们澄清现代主义"反抗"现代性的问题。

**法兰克福学派**是一个有影响力的团体,其灵感来自马克思和弗洛伊德的学说。它成立于 1924 年,成员包括美学家、哲学家**阿多诺**(Theodor Adorno,1903—1969)、政治思想家**马尔库塞**(Herbert Marcuse,1898—1979),以及作为非正式成员的瓦尔特·本雅明。1933 年纳粹党上台后,学派成员逃往纽约,但是,它借艺术和文化而对先进政治提出的反思仍然是我们描述现代主义对现代生活的影响时无法回避的参照。

## 反对大众文化

阿多诺拥护先锋派,尤其是在音乐方面——**勋伯格**和**阿尔班·贝尔格**的十二音体系。这有时会将他引入复杂的领域。

他的美学论证很复杂。不过,尽管他不是在用一种过分简单化的方式来维护"精英主义",但他的偏见也令其对爵士乐之类"原始的"音乐形式加以谴责。

## 理解大众文化

瓦尔特·本雅明对大众文化的态度更积极一些,尽管他和阿多诺一样,观点也很复杂微妙。他对20世纪艺术做出了敏锐而具有启发性的思考和论述,直到今天依然令人信服。的确,他令我们得以对现代主义作品和运动的意识形态价值采取批判立场。他的论文集《机械复制时代的艺术作品》(1936)和《作为生产者的作者》(1934)对20世纪30年代的文化政治产生了重大影响。

法西斯主义的必然结果是将美学引入政治生活……

我们可以专注于现代主义作品本身，并试图发现在那些由文字（或是画笔或音乐）构筑的想象空间里，在读者（或是观众或听众）的头脑中，究竟是什么得到了表达与呈现。

在澄清现代主义究竟代表什么时，现代主义的政治问题从一开始就被认为是一个重要问题。有时候，就连它的否认（例如在布卢姆茨伯里群体和弗吉尼亚·伍尔芙那里）和"为艺术而艺术"这种修辞性的拔高也意味着一种政治立场。

## 文化产业

政治是艺术家和评论家不断讨论的一个问题。一些关键的争论植根于现代主义本身的机理和历史当中。比如说，法兰克福学派对美学与政治之间关系的思考就构成了晚期现代主义的一个重要部分。

一个主要的争论领域是围绕艺术在面对大众文化时所发挥的作用而展开的。

大众文化通过复制和发行的新技术——电影和广播、大众出版、摄影、广告——以及建立后来所谓的"意识产业"而实现了指数级增长，在此过程中，人们的生活、信仰和欲望都发生了一场真正的革命。

一种态度，是要全心全意地接纳现代化的力量，我们在早期先锋派立体主义以及意大利和俄罗斯的未来主义者那里注意到了这一点。

在这种场景中，艺术应该试着与这种能量相联结，并找到处理文字和图像的新方法以及感觉的新结构。

另一种态度则体现在艾略特等人的保守思想当中，基于对现代化的悲观解读。在这里，城市环境滋生了孤独、噪声和无名的人群。通俗电影是大众的饲料。

从这种现代化解释中产生的艺术，可以被看作是被动的、精英主义的和反民主的，与大众文化格格不入：艺术之所以具有价值，并不是因为它反映了与一个不断变化的世界之间的关系并进入其中，而是因为它将自身作为最终的安慰——一个虚构的庇护所。以温德姆·刘易斯称为"1914年的人"（即庞德、艾略特、乔伊斯和刘易斯本人）为例，蒙太奇和词语的碰撞、从不同的语体风格和文化当中挑选的典故和引语，构成了作品的意义，而不是将词语与外部现实联系起来。很明显，这种态度不太可能导向大众化、平民化作品的创作。

1928年,通俗小说家**阿诺德·贝内特**(Arnold Bennett,1837—1931)用E.M.福斯特称为"圆形人物"的方式写了"得体的"故事,猛烈抨击他的现代主义同行。

几乎所有书呆子都自命不凡,他们当中那些更开明的人尤其如此。他们倾向于认为,如果一位作家有很好的发行量……

……如果他被普通人所喜爱,如果他能同时让几个剧院满座,那么他不可能值得一读,只配遭到冷漠和鄙视。

下面这个无法回避的事实加剧了这种对于大众或大众文化的明显蔑视:多数现代主义作品经常面对困境(有时候是极其难堪的困境)。

## 第一次世界大战的冲击

外部事件的冲击可以在某种程度上解释这些困境。第一次世界大战期间及之后，随着社会政治形势变得更加黑暗，对现代性的固有反抗变得更加严重，也更加清晰。这个巨大的创伤事件彻底改变了人们的感受。在欧洲文明试图自戕之前，意大利未来主义者一度歌颂战争……

> 战争之所以美丽，是因为它通过防毒面具、骇人的扩音器、火焰喷射器和小型坦克来确立人类对机器的统治。战争之所以美丽，是因为它用机枪开出的火花使一片花团锦簇的草地更加肥沃。战争之所以美丽，是因为它将枪声、炮火以及腐败物的恶臭汇聚为一首交响曲。

在 1914 年至 1918 年间的一场前所未有的堑壕战中，850 万人遭到屠杀，面对这样的大屠杀，上述修辞都是可鄙的。"**为了什么?**"这正是现代主义必须向自身提出的问题。战争期间的官方宣传历来都是无耻的谎言。谎言和"从死去的腹部发出的笑声"，正如庞德在其诗作《休·塞尔温·莫伯利》(1920) 中怒骂的那样："无数人死去……，为了一个拙劣的文明……"

> 有人死去，为了祖国，
> 　　不"甜蜜"也不"光荣"
> ……在地狱深处漫步
> 相信老人的谎言，然后又不相信
> 回家，谎言之家，
> 骗子之家，
> 旧谎言和新恶行之家；
> 陈年经久的高利贷
> 还有公共场合的说谎者。

## 为国捐躯,甜蜜而光荣

战前的学生从罗马诗人**贺拉斯**(Horace,前65—前8)上述著名诗句中吸收的英雄爱国主义,对庞德来说,已经成为一个可笑的笑话,而对于战争诗人**威尔弗雷德·欧文**(Wilfred Owen,1893—1918)来说,则成了一个险恶的谎言,他在一场战役中失去了生命……

> 氯气弹!氯气弹!快跑啊,兄弟们!——一场狂热,
> 及时戴上笨拙的头盔;
> 但是还有人在大声喊叫,跌跌撞撞
> 像火焰或石灰中的人,苦苦挣扎——
> 黑暗,透过雾蒙蒙的玻璃和浑浊的绿光,
> 像在深绿色的大海下,我看见他正在淹没。
>
> 在我全部的梦境中,在我无奈的视线前,
> 他突然倒向我,淹没,窒息,溺水死去。
>
> 如果在某些窒息的梦境中,你也可以移动脚步
> 在那辆车后面,我们将他装进去,
> 看着白色的眼睛在他脸上转动,
> 他的面孔垂下,像是魔鬼厌倦了罪;
> 如果你能听见,每一次的颠簸,
> 血汩汩地从破碎的肺中流出,
> 苦,像肮脏的呕吐物,
> 清白舌头上不治的疮,
> 我的朋友,你就不会如此热情地,
> 对那些铤而走险、极度渴望荣耀的孩子,
> 说出那个古老的谎言:
> 为国捐躯,甜蜜而光荣。

## "为了什么?"

这个问题很快就在两种相互冲突的政治方案中找到了答案。两个决定性的事件从第一次世界大战的泥沼和死亡中浮现:一个是 1922 年墨索里尼的法西斯主义,希特勒的纳粹主义对其进行了更危险的强化;另一个是 1917 年的俄国革命,列宁领导的布尔什维克党建立了苏维埃政权。

对于我们许多人来说,在 20 世纪 20 年代和 30 年代,法西斯主义或共产主义似乎是自由资本主义之外仅有的选择。

寻求园林木工的工作

……特别是在美国的资本主义堡垒崩溃之后,当时发生了 1929 年的"大崩溃"以及由此导致的世界经济萧条。

当时的情况就是这样的——对不可预见的后果进行选择——要么是资本主义经济恢复,要么是法西斯主义或共产主义取得胜利。会是哪一个呢?只有再一次发生屠杀,只有第二次世界大战更为残酷的暴行,才能解决这个问题——而且只能部分解决,因为自 1947 年起,美国及其盟国就困在了冷战冲突当中。

## 你会如何选择?

今日人们眼中现代主义者的"盲目性"——例如追随法西斯路线的庞德,如果我们站在他们的立场上,就可以更好地加以理解。那么,换了你又会如何选择呢?让我们来看看马克思主义剧作家布莱希特的观点……

他的"史诗剧"可以在任何意义上被称为平民主义吗?难道它不是一种与极右翼民粹主义相反的马克思主义的精英立场吗?

除了某种**政治先锋派**之外,还有什么能够成功地挫败希特勒主义的骗局?

有人认为,现代主义在 20 世纪 30 年代滑向了悲观主义。而它更有可能染上了一种危险的、令人飘飘然的乐观主义。

## 反人类罪

一切令人激动的或明确的、可能的解决方案都随着第二次世界大战的发生而终结。这场冲突的各方都被控犯有一系列令人发指的罪行。

自 20 世纪 40 年代后期以来,在美国(及其西方盟友)和苏联(及其东方集团)之间"冷战"对峙的岁月里,世界经历了核灭绝逼近所带来的精神错乱。

## 现代主义移居美国

现代主义在其第三个，也是最后一个阶段发生了向美国的转移。先锋派的中心在 20 世纪 40 年代后期和 50 年代从巴黎转移到纽约，但是两者之间的联系在更早的时候就建立起来了。施蒂格利茨的 291 家画廊在 1908 年展出了现代艺术。真正的转折点是著名的 1913 年军械库展览会，它向美国介绍了欧洲主要的现代主义者，其中包括毕加索和杜尚，后者是 1915 年之后定居纽约的一位重要人物。

我对美国先锋派的贡献就是达达主义的讽刺，以及概念先于对象物的观点。

杜尚也与富裕的、野心勃勃的美国收藏家有联系。

这场展览在纽约、芝加哥和波士顿吸引了大批观众，并将作品卖给了美国收藏家。其中的核心部分将在 1929 年构成纽约现代艺术博物馆的藏品，后者是世界上最有声望的博物馆之一。

## 美国是现代主义的天然家园吗?

你可能认为是,因为它有巨大的现代化能量,对于新事物怀有无尽的渴望。现代性已经成为革命性的"独立宣言"和宪法的一部分。**惠特曼**(Walt Whitman,1819—1892)不受约束的自由诗体已经成为现代主义广为人知的宣言……

我歌唱这美丽身躯……我包罗万象。

但是总有更阴暗的一面——**梅尔维尔**(Herman Melville,1819—1891)和**霍桑**(Nathaniel Hawthorne,1804—1864)的"加尔文主义预兆"……

……特别是**爱伦·坡**(Edgar Allan Poe,1809—1849),他创作的恐怖故事和侦探小说深深地影响了法国象征主义的现代主义原型。

## 大萧条与复兴计划

美国的无限乐观在"咆哮的 20 年代"——豪饮、爵士乐和股票市场的巨额财富中——达到了顶峰,然后在 1929 年的"大崩溃"中轰然倒塌。华尔街的金融家从窗口跳下,银行倒闭,可怕的经济萧条蔓延到美国和世界各地。

弥补损失是一件缓慢而艰难的事,**罗斯福**(F.D. Roosevelt,1882—1945)"新政"完成了这项职责。

对现代主义艺术的关键推动则来自新政的"联邦艺术计划"……

政府通过公共事业振兴署(1933)和联邦艺术计划(1935)有组织地对艺术予以支持。尽管政府支持下的公共艺术往往缺乏创见,但这个项目鼓舞了那些很快就会成为先锋派明星的人:阿希尔·戈尔基(Arshile Gorky)、德·库宁(Willem de Kooning)、杰克逊·波洛克(Jackson Pollock)以及马克·罗斯科(Mark Rothko)。

# 现代主义：非美国的活动

在美国保守派眼中，"新政主义"是可恨的。至于现代主义——好吧，那显然是"非美国的"！这是密歇根州参议员**乔治·唐德罗**（George Dondero, 1883—1968）于1949年在国会发表的演讲中的一段话……

各种主义的艺术，俄国革命的武器，都是被移植到美国的艺术……在我们心爱的祖国，所谓的现代或当代艺术包含了所有关于堕落、颓废和破坏的主义……

立体主义打算通过精心设计的无序来搞破坏。
未来主义打算通过机器神话来搞破坏。
达达主义打算通过嘲笑来搞破坏。
表现主义打算通过模仿原始和疯狂来搞破坏……
抽象主义打算通过创造灵感来搞破坏。
超现实主义打算通过否定理性来搞破坏……

……问题是，我们这些平凡的美国人民，究竟是做了什么，竟要遭受这样的痛苦折磨？它们就这样可怕地落到我们头上？是谁对我们下了这种诅咒？是谁让这群携带细菌的艺术害虫进入我们的家园？

唐德罗对现代主义的保守主义斥责听起来如此熟悉。我们之前在哪里听过这套说辞？

## 堕落的艺术

1937年,希特勒的鼓吹者组织了一场最全面的现代艺术展览——"堕落的艺术"(Entartete Kunst)——这场展览扭曲了诺尔道对退化所做的精神病学诊断,以服务于"净化日耳曼的污秽种族"的目的。

……未来主义,立体主义,表现主义——这些怪物不是艺术,它们是污染日耳曼精神的烂泥……

这场展览是精心组织的,目的是要揭露现代主义是"精神错乱者的病态的、拙劣的胡言乱语"。(但是我们应该注意,它的宣传海报是如何利用现代主义技术的!)

## 共同的敌意

20世纪50年代早期,参议员**乔·麦卡锡**(Joe McCarthy,1908—1957)以其反共政治迫害(参议院对"非美活动"的调查)来恐吓美国的知识分子和艺术家。唐德罗代表了反对现代主义的冷战"麦卡锡主义",这种立场将现代主义看作"共产主义颠覆美国民主的阴谋"。唐德罗的攻击与纳粹主义的攻击相呼应!这是怎么了?

爱国的美国人指控共产主义煽动现代主义……

共产主义者指控堕落的资本主义……

纳粹主义指控背靠俄国和美国的布尔什维克犹太人策划了这场阴谋!

显然,他们都对现代主义怀有共同的敌意,同时互相指责,认为对方制造了现代主义"阴谋"。我们该如何解释这种情况呢?抛开各种说辞,他们之间其实有一种共识,即先锋的现代主义并不满足**大众流行文化**的需要。

## 精英派对现代主义的捍卫

对麦卡锡民粹主义的反击来自美国现存体制下打着自由派旗号的派别,以及那些支持如下主张的知识分子:先锋抽象艺术恰恰表达了被政权剥夺的自由,这些政权强制推行压制性的伪平民主义文化。

**阿尔弗雷德·H.巴尔**(Alfred H. Barr,1902—1981)是纽约现代艺术博物馆(MoMA)的第一任馆长,在 1936 年引领了这场争论,并制作了一张著名的图表来证实其观点,即抽象艺术是一种合理的、进步的必然。

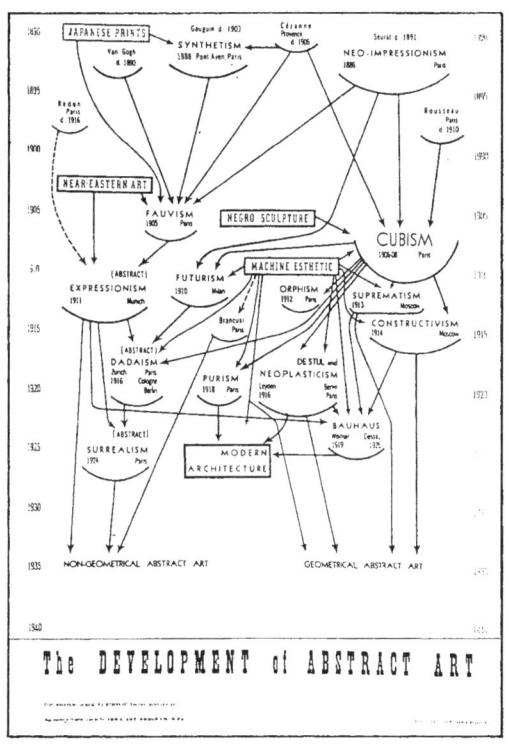

在纳粹战败后,巴尔将注意力集中到与共产主义和麦卡锡主义的斗争上,二者都被他看成自由主义者所设想的自由的敌人。"那些断言或暗示现代艺术是克里姆林宫的颠覆工具的人,都犯下了荒诞的错误。"(1952)

## 刻奇、高雅文化与抽象表现主义

艺术评论家**克莱门特·格林伯格**是现代主义晚期的主要人物。公平地说,他可以被称为美国的阿多诺。格林伯格的思想起源于犹太移民社会主义、"自由思想"的马克思主义和**康德**美学。在他的反资本主义重要论文《先锋与刻奇》(1939)中,格林伯格以刻奇(Kitsch,轻松享受和被动消费)做参照,来定义高雅文化(反思、批判性和高要求)。先锋派方法令文化得以进步——这一想法促使他捍卫"抽象的纯粹主义"。

格林伯格对抽象表现主义——例如**杰克逊·波洛克**(1912—1956)、**德·库宁**(1904—1997)、**马克·罗斯科**(1903—1970)等人的作品——的推崇,有助于确保现代主义审美认同的美国化。然而,在麦卡锡反共产主义的大环境下,其理论的"去政治化"是不可避免的。

## 扭曲抽象表现主义

抽象表现主义在20世纪50年代的冷战中取得了国际声誉，这不仅是因为格林伯格所论证的美学根据，还因为它在意识形态方面派上了用场。有证据表明，美国中央情报局（CIA）为了反对东欧共产主义阵营而涉嫌扭曲自由派的"智慧结晶"。

美国艺术是自由的，不涉及任何意识形态……

真正的现代艺术是自由社会的自由艺术。

也就是说，自由就在于根据平等权利进行消费。杰克逊·波洛克的"滴画"作品，还有最新款的别克汽车、奔迪克斯（Bendix）洗衣机以及好彩（Lucky Strike）香烟，被视为"美国梦"的象征。诚然，20世纪30年代，欧洲知识界的难民为了逃离纳粹主义而大量涌入美国，这极大地提升了美国"自由堡垒"的形象。

## 走下楼梯的杜尚

杜尚不是欧洲难民,而是一位艺术家,在 1915 年战争时期选择了中立的美国。他的选择使他成为美国现代主义的关键人物——首先,作为"跨大西洋的桥梁"而令巴黎与纽约的先锋主义结盟;其次,作为向后现代主义的过渡,杜尚从未完全认同任何"主义"。1912 年的《下楼梯的裸女》看起来可能像一幅立体派画作,但实际上是向其"机械拟人论"(mecanthropomorphism)迈出的一步……

杜尚的目标是抛弃"视网膜绘画",用大规模生产的、机器制造的物品来代替手工制作的艺术品。在他的杰作《大玻璃》或者《新娘的衣服被单身汉脱光》(1915—1923)之后,他假装放弃了艺术,转而去做下棋这种"动态雕塑"。

## 波普艺术或新达达主义

欧洲人经常对美国做出错误的判断,杜尚也一样,他对20世纪50年代后期"新达达主义"波普艺术的出场感到很恼火。1962年,杜尚强烈抗议消费社会现成品的波普艺术集会。

这种被他们称为新现实主义、波普艺术、装配艺术的新达达主义,是一条简单的出路,是靠达达主义为生的。当我发现成品时,我的想法是它阻碍了美学。在新达达主义这里,他们拿了我的成品,并在其中发现了美感。我把"瓶架"和"小便池"扔到他们面前以示挑战,而现在他们却因为这些物品的"美"而欣赏它们!

这里颇有些讽刺的意味。格林伯格已经针对"流行的"先锋派来捍卫"真正的"先锋派(立体主义、抽象表现主义)——他将前者轻蔑地称为达达主义和"杜尚的先锋派"。格林伯格的"纯粹主义"意在保护艺术在消费主义的资本主义中免遭瓦解——吊诡的是,这样一种绝望的尝试却有助于美国的"流行文化"变得更加安全。

# 现代主义的"终结"?

波普艺术之王**安迪·沃霍尔**(Andy Warhol,1903—1987)在1963年的一次采访中说道:

> 有人说布莱希特想让每个人的想法都相似。我希望每个人的想法都相似。但在某种程度上,布莱希特想通过共产主义来实现这一点。俄国是在政府领导下这样做的。而在这里,这种想法是在没有严格的政府领导的情况下自动发生的。……每个人都长得相似,行动也相似,我们就这样变得越来越像。
>
> 我认为每个人都应该是一台机器。
>
> 我认为每个人都应该喜欢每个人。

沃霍尔是对的,不是吗?杜尚的机械拟人论就是简单的**机器相似**(machine-likeness)。现代主义想要"深入",但重要的是**表面**。你看到的就是你得到的。意义是从人为构建的符号中解读出来的——这将我们带入了巴特、鲍德里亚和德里达的后现代主义。在美国,"新"是一种日常的生活习惯,它很快就会老化,最后被扔进废品清理场,以图仿作、回收。

## 电影和现代主义的关系是什么？

沃霍尔自己也承认，这种后现代"表面"来自于好莱坞电影的一种惯用手段，及其对玛丽莲·梦露、伊丽莎白·泰勒等大众偶像的"梦工厂"组装。那么，我们是否应该承认，**电影**是现代主义通往后现代主义的桥梁？

电影是典型的大众传媒，是"第七艺术"，是现代性的本质。但它的大众吸引力与现代主义相一致吗？现代主义在所有的艺术领域——小说、诗歌、绘画，甚至音乐——都颠覆了"现实主义"。这样一来，它让艺术变得更加隐晦和困难，从而限制了艺术的吸引力。好莱坞电影占据主导地位的商业模式却恰恰相反。

好莱坞提供了熟悉的场景，观众很容易产生认同感……

电影给了人们一种幻觉，像是从一面巨大的、崭新的、透明的窗户来看世界！

## 反对现代主义本性

从某种意义上说,现代主义美中不足的就是电影。商业部门的产出在很大程度上与现代主义美学的本性背道而驰。好莱坞利用了现代主义艺术家、作家以及更富冒险精神的电影导演的创造才能,在这方面它的名声不佳。

**阿尔弗雷德·希区柯克**(Alfred Hitchcock,1899—1980)是一个例外,他在《爱德华大夫》(1945)中使用了达利的梦境片段……

小心,有个斜坡!

**斯特罗海姆**(Erich von Stroheim,1885—1957)的电影被剪得支离破碎。爱森斯坦的好莱坞之行毫无成果。雷诺阿的美国电影平淡无奇。布莱希特只参与了最基本的剧本创作,菲茨杰拉德和其他一些"有名的"作家也是如此,在制片厂重复进行机械枯燥的劳动。后来,由**约翰·休斯顿**(John Huston,1906—1987)执导拍摄、让-保罗·萨特写作的关于弗洛伊德的剧本也再次受拒。类似的事情还有很多。

## 欧洲艺术电影

与好莱坞不同的另一种重要电影形式,就是欧洲的"艺术电影",它是被国民文化认同驱使而发展的。它也被称为作者电影,因为导演作为一部电影的"作者",是最引人注目的存在。经典的作者电影的制作人或许要数**让·雷诺阿**(Jean Renoir,1894—1979),他是印象派画家**奥古斯特·雷诺阿**(Auguste Renoir,1841—1919)的儿子,父子俩都有着令人愉快的生活乐趣。

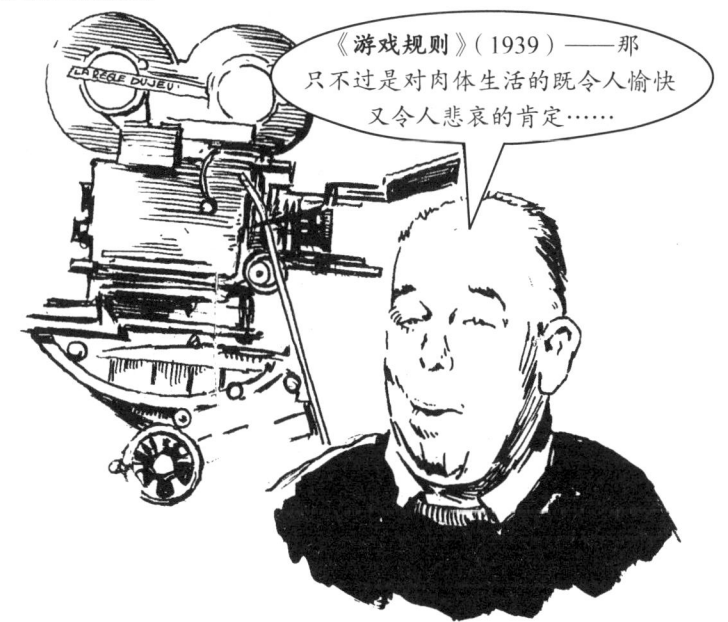

《游戏规则》(1939)——那只不过是对肉体生活的既令人愉快又令人悲哀的肯定……

作者电影的成员还包括**雷内·克莱尔**(René Clair,1898—1981)和**马塞尔·卡尔内**(Marcel Carné,1900—1996),前者颂扬一种异想天开的社会主义;在德国,作者电影的成员包括**格奥尔格·帕布斯特**(Georg Pabst,1885—1967)和**刘别谦**(Ernst Lubitsch,1892—1947),以及其他许多采用复杂的"作者"手法拍摄电影的人。还有一种更为禁欲的现代主义风格,我们可以把**德莱叶**(Carl Dreyer,1889—1968)和**布列松**(Robert Bresson,1907—2000)也算上,但是这些电影艺术家也还属于流行的主流电影人。

## 先锋电影:超现实主义

主流电影之外的另一种形式是先锋派电影,通常被定义为"纯粹的"现代主义电影,例如布努埃尔和达利的超现实主义电影,因为它们呈现出形式上的先锋派特性,与其他艺术类型中的先锋派特性相似。

碎片化的蒙太奇、打破现实的幻觉原则、"陌生化",这些都被看作先锋派的创作手法,在绘画、诗歌和叙事作品中加以运用。

超现实主义电影依靠的是惊奇、不和谐的并置,发掘无意识的幽暗领域——弗洛伊德精神分析探索的就是这个主题……

像《一条安达鲁狗》这样的电影,其中的图像和带有性意味的潜台词都与超现实主义绘画及诗歌有关,并非因为达利主要是一位画家,所以只有这个例子涉及超现实主义绘画,还有很多例子也是这样。

## 电影中的表现主义

德国电影,例如罗伯特·维内(Robert Wiene)的惊悚电影《卡里加里博士的小屋》(1920)、茂瑙(F.W. Murnau)的吸血鬼电影《诺斯费拉图》(1922)、弗里茨·朗的精神病犯罪电影《马布斯博士》(1922)等,都模仿了表现主义绘画、戏剧、诗歌以及陈旧的德国哥特式恐怖小说。《卡里加里博士的小屋》的布景设计师认为:"电影必须是赋予生命的图画。"但是这些电影掩盖了一个一触即发的问题。

表现主义艺术被降级为"病态大脑"的电影版本……

……走向希特勒"堕落的艺术"观点的不可避免的一步!

**克拉考尔**(Siegfried Kracauer)的经典著作《从卡里加里到希特勒》(1947)追溯了表现主义的电影制作与德国电影工业 UFA(Universum Film A.G.)之间的关系——从 1917 年 UFA 因战时宣传的需要而成立开始,直到它被纳粹接管。

## 苏联先锋电影

当德国电影业危险地滑向纳粹主义时,苏联的先锋派则完全不同。1918年十月革命(由少数政治精英领导)发生在一个已经确立的先锋主义(由少数美学精英领导)的背景下。一段时间里,这两种能量似乎结合在了一起——实验现代主义是革命的艺术,就像马列维奇的至上主义、塔特林的构成主义、马雅可夫斯基的未来主义诗歌等艺术所表达的那样——显然如此。

电影中的蒙太奇就是**变得可见**的革命辩证法。

早期苏联电影的大师无疑是创作了《战舰波将金号》(1925)等作品的谢尔盖·爱森斯坦。吉加·维尔托夫的电影《持摄影机的人》(1929)是一部大胆的自反性电影,它真的把焦点放在构成活动影像的镜头上,并由此探索了电影视觉的本质。实验主义在1932年随着日丹诺夫派的"社会现实主义"而结束,当时所有的艺术团体都解散了,代之以由政府领导的艺术家联盟。

20世纪60年代后期，先锋电影创作——宣传片、地下电影和其他小圈子——只占全球电影制作的很小一部分。它不代表电影。真正的挑战是要把主流电影看作现代主义不可分离的一部分。**安德烈·马尔罗**（André Malraux，1901—1976）完美地捕捉到这个问题，他是作家、政治家，他本人也是一部优秀的独立电影的制片人。

现代主义的关键文本之一、瓦尔特·本雅明的文章《机械复制时代的艺术作品》（1936）支持电影和复制性的媒体，因为它们摒弃了传统艺术的"光环"，从而鼓励了一种更民主、更具政治参与性的实践。大众文化将意味着**更多**的东西，但不一定是**更糟**的文化。

## 反思好莱坞

指责好莱坞仅仅是肤浅幻想的传播者,完全受到商业规则和利润的驱使,这也太容易了。好莱坞同样有能力抓住大众的幻想,并神奇地将其转化为强有力的、集体性的形象和故事。尽管一些现代主义导演和艺术家遭到了好莱坞商业机器的碾压,但是另外一些来自纳粹德国的移民导演的突出表现又多少恢复了平衡,这些导演包括弗里茨·朗、**道格拉斯·塞克**(Douglas Sirk,1900—1987)、**马克斯·奥夫尔斯**(Max Ophuls,1902—1957)、**约瑟夫·冯·斯特恩伯格**(Joseph von Sternberg,1894—1969)、**比利·怀尔德**(Billy Wilder,1906—2002),以及其他很多人。

不妨考虑一下好莱坞创作的以下产品：奥夫尔斯的情节剧《一位陌生女子的来信》(1948)或者塞克的《地老天荒不了情》(1953)，弗里茨·朗的惊悚片《大内幕》(1953)，比利·怀尔德的喜剧如《热情如火》(1959)，或者冯·斯特恩伯格的巴洛克式的华丽的影片《上海快车》(1932)和《红皇后》(1934)。

每部作品都是对类型化的传统手法和风格所做的聪明而富有想象力的运用。

有谁能够证明，我们在来到好莱坞之前创作的战前作品，由于处于一个更少受利润驱动的环境中，就肯定更好呢？

创造性地使用大众娱乐形式——而不是反对它——这种能力影响了整个好莱坞的电影制作人，而不仅仅是那些来自欧洲的移民导演。

## 新浪潮

让-吕克·戈达尔（Jean-Luc Godard，生于 1930 年）、**弗朗索瓦·特吕弗**（François Truffaut，1932—1984）、**雅克·里维特**（Jacques Rivette，1928—2016）、**克劳德·夏布洛尔**（Claude Chabrol，1930—2010）、**埃里克·侯麦**（Eric Rohmer，1920—2010）等人在 20 世纪 50 年代后期成为法国"新浪潮"电影人。他们最初是作为批评家和电影爱好者而首先意识到这个非同寻常的好莱坞悖论。

> 这些电影似乎是"作者不详的"（也就是工业制作的），被认为是思想品位不高的商业娱乐而遭人鄙视。

> 但是它们就像一切现代主义艺术电影一样具有创造性，并且具有作者电影的各种要素。

戈达尔是其中的代表，就像艺术领域中的杜尚，他挑战了公认的电影制作方式，标明了从现代主义到后现代主义的路径。

## 筋疲力尽……

戈达尔的电影《筋疲力尽》(1960)致敬的是美国 B 级片,但它的叙事碎片化,在这方面是现代主义的。《狂人皮埃罗》(1965)更加怪异,更像拼贴,越出了现代主义的范畴。《周末》(1967)和《东方之风》(1969)引爆了先锋主义。戈达尔在 20 世纪 60 年代末和 70 年代拍摄的硬核政治电影似乎退回到宣传片的手法……

我把我的新电影制作团队称为"吉加·维尔托夫小组",这并非偶然……

他拍摄了《一切都好》(1972)并由此进入后现代主义,这部电影结合了自反性和超级巨星(简·方达,伊夫·蒙当)。面对录影技术和录像带的兴起,戈达尔拍摄的纪录片《电影史》(1989—2000)可能是悲悼电影之"死"的一曲挽歌,也可能是对新技术不断推动历史发展的颂歌。

## 新技术 = 后现代主义?

戈达尔对录像的兴趣给我们提供了另一条线索。我们是否错误地认为电影是通往后现代主义的"桥梁"?难道我们不是应该转而把目光投向电视、录像、数字革命、互联网——一个全新的远程信息处理世界?我们已经看到了**以往**支撑现代性的技术以及现代主义对它们的反映,但是**现在**正在发生什么呢?

技术和文化之间的全新共谋,它们影响了生态、工作、家庭生活、休闲活动、旅游、消费主义……

与全球经济相联系的网络社会……

以及**虚拟现实**?"克隆的"拟像和"真正的"现实实际上已经变得不可区分。

技术领域中这个明显的范式转变可能证实了**后现代性**。但是,不论是后现代主义还是现代主义,都不能简单地用类似的转变来加以解释。

## 现代主义已经"终结"了吗?

"现代"可能没有任何可想象的结局。我们能变得更现代、极端现代、超现代吗?还是"没那么现代"?还有什么是比现代更现代的?

但是,严格说来,"后"现代并没有什么意义。

在音乐方面,完全的十二音体系作曲法极难演奏,听起来也很折磨人,这种音乐的极端形式是约翰·凯奇(John Cage)沉默无声的4分33秒(《4'33"》,1952),它简直就是对现代主义音乐的即兴安乐死。

贝克特(Samuel Beckett)将戏剧简化为这样的舞台画面:垃圾桶里的尸体、骨灰瓮和光线昏暗的病榻……

……随着他45秒的舞台剧《呼吸》(1970),现代主义耗尽了最后一口气。

## 后现代的现代艺术博物馆

没有比这更讽刺的了!一个很大程度上失去了信誉的现代主义建筑,通过收容现代艺术"杰作"的遗迹而得到了最后的认可,这些受人崇拜的东西带着所有的"灵韵"——而瓦尔特·本雅明还以为它们将会消失。纽约现代艺术博物馆、古根海姆博物馆、蓬皮杜中心、毕尔巴鄂古根海姆博物馆,这些都是勒·柯布西耶于1923年公布的一项旧日乌托邦计划的遗迹。泰特现代美术馆坐落于吉尔伯特·斯科特(Gilbert Scott,1880—1960)在伦敦泰晤士河畔修建的、已遭废弃的发电厂,这是迄今为止最好的例子,说明了功能主义的现代建筑是如何为功能失灵之事物所用的。它巨大的烟囱引出了火葬场的幽灵……

## 巴比伦之外

不过,现代主义将被现代性的下一个"后现代"阶段重新设定,这或许是不可避免的。换句话说,现代主义还没有"结束",而是**被嵌入到**正在进行的现代性方案当中,而现代性本身又是一个没有结尾的计划。我们可以用两种方式来看待后现代主义……

这两种方式并不矛盾,而是思考我们当前处境的两种互补方式,提醒我们应该再次反思现代主义在伦理与美学、政治与风格、高雅文化与大众文化、创新与传统等关系上所面临的复杂性,以及所有仍与我们迫切相关的问题。我们永远不能从零开始——而现代主义正是我们现有的资源。

现代主义的各种起源,就像它的"结局"一样,仍然难以捉摸,有待人们去猜测、争论和**打捞**。

*(塞缪尔·贝克特,《无名》,1953)

## 参考文献

下面这个清单只列出了经过选择的部分文献,由于二手研究文献极为丰富,很难取舍,所以我只是根据个人的偏好加以选择。

Benjamin, Walter, *Illuminations*, London: Pimlico, 1999. 后现代主义者应该人手一册。

Berman, Marshall, *All that is Solid Melts into Air: The Experience of Modernity*, London: Verso, 1983. 对现代性做了丰富的、政治化的呈现。

Butler, Christopher, *Early Modernism: Literature, Music and Painting in Europe, 1900-1916*, Oxford: Oxford University Press, 1994. 一种有益的、多元艺术形式的视角。

Clark, T.J., *Farewell to an Idea: Episodes from a History of Modernism*, New Haven and London: Yale University Press, 1999. 一位最重要的艺术史家对现代主义运动所作的论述。

Conrad, Peter, *Modem Times, Modern Places*, London: Thames and Hudson, 1998. 一部极具可读性且迷人的论著,充满了错综复杂的联系、切入点和转出点。

Cook, Pam, and Bernink, Mieke(eds), *The Cinema Book*, 2nd edition, London: BFI, 1999. 一部关于电影研究不同方面的优秀导论。

Crow, Thomas, "Modernism and Mass Culture in the Visual Arts", in *Modem Art in the Common Culture*, New Haven CN: Yale University Press, 1996. 关键性地介入大众文化和艺术之争。

Donald, James, *Imagining the Modern City*, Minneapolis: University of Minnesota Press, 1999. 对现代城市的政治与诗学的一次迷人探索。

Hansen, Miriam, "The mass production of the senses: classical cinema as vernacular modernism", in Gledhill, Christine, and Williams, Linda(eds), *Reinventing Film Studies*, London: Arnold, 2000. 对电影与现代主义之间的未决关系提出了颇为有趣的分析。

Huyssen, Andreas, *After the Great Divide: Modernism, Mass Culture, Postmodernism*, Bloomington and Indianapolis: Indiana University Press, 1986. 对现代主义与后现代主义之间的联系提出了发人深省的论述。

Marvin, Carolyn, *When Old Technologies were New: thinking about electric communication in the late nineteenth century*, New York and Oxford: Oxford University Press, 1988. 为理解现代技术和文化提供了一个极为宝贵的"考古学"语境。

Moretti, Franco, *Signs Taken for Wonders: Essays in the Sociology of Literary Forms*, London: Verso, 1983. 对现代主义文化现象提出了一系列有原创性的、富有成效的解释和解读。

Nicholls, Peter, *Modernisms: A Literary Guide*, London: Macmillan, 1995. 一部总体上来说最好的文学指南和导论。

Sparke, Penny, *A Century of Design: Design Pioneers of the Twentieth Century*, London: Mitchell Beazley, 1998. 对现代设计的一部很好的概述。

Willett, John, *The New Sobriety: Art and Politics in the Weimar Period 1917-1933*, London: Thames and Hudson, 1978. 图文并茂、生动易懂地讲述了现代主义的某个高光时刻。

Williams, Raymond, *The Politics of Modernism: Against the New Conformists*, London: Verso, 1989. 包含了一些清晰易懂的文章，论述了现代主义和先锋派与政治之间的关系。

Wollen, Peter, "The Two Avant-Gardes", in *Readings and Writings. Semiotic Counter-Strategies*, London: Verso, 1982. 对同时期的电影运动提出了一个有争论性的历史论述。

## 一些有用的文集

Chipp, Herschel B. (ed.), *Theories of Modern Art,* Berkeley and London: University of California Press, 1968.

Frascina, Francis, and Harrison, Charles (eds), *Modern Art and Modernism: A Critical Anthology*, London: Paul Chapman, 1982.

Harrison, Charles, and Wood, Paul (eds), *Art in Theory, 1900-1990: An Anthology of Changing Ideas*, Oxford: Blackwell, 1992.

Levenson, Michael (ed.), *The Cambridge Companion to Modernism*, Cambridge: Cambridge University Press, 1999.

在大量的期刊杂志中,《现代主义/现代性》(*Modernism/Modernity*) 值得一读。

# 索引

abstraction 抽象 10, 11, 41, 44, 53, 54, 144, 147—148
Adorno, Theodor 阿多诺 126, 127, 129
advertising 广告 24, 88, 131
Apollinaire, Guillaume 纪尧姆·阿波利奈尔 37, 43, 52, 102, 114
architecture 建筑 32—33, 57, 98—99, 168
 and the city 和城市 32—33
Artaud, Antonin 安东尼·阿尔托 87, 89
artists collaborate 艺术家合作 117
Auden, W.H. W.H. 奥登 81, 104, 112, 124
avant-gardism 先锋派 9, 12, 13, 28, 53, 57, 58, 100, 109, 110—112, 114, 117, 127, 132, 139, 141, 148, 151, 156, 158
 Brecht 布莱希特 50, 60, 83, 123, 139, 152
 film 电影 53
 Greenberg 格林伯格 114, 151
 and mass culture 和大众文化 126—127
 Russia 俄罗斯 132
 USA 美国 141

Barr, Alfred 阿尔弗雷德·巴尔 147
Bataille, Georges 乔治·巴塔耶 77, 87
Baudelaire, Charles 波德莱尔 10, 48, 63, 95
Benjamin, Walter 瓦尔特·本雅明 91, 95, 126, 129, 159, 168
Bennett, Arnold 阿诺德·贝内特 134
Bergson, Henri 柏格森 61, 64
Berman, Marshall 马歇尔·伯曼 63
Braque, Georges 布拉克 11, 36, 43, 100, 113

cinema see film 电影 14, 24, 35, 50, 53, 80, 90—93, 97, 104, 131, 132, 153—164
city, the 城市 33, 34, 92—100, 103, 132
 and architecture 和建筑 32—33
 as a narrative 作为叙事 96—97
 role of 城市的功能 92—99
collage 拼贴 11, 15, 36, 37, 50, 163
crowd, the 人群 93
Cubism 立体主义 6, 10, 11, 31, 43, 56, 62, 113, 114, 120, 132, 144, 145, 151

Dadaism 达达主义 6, 12, 82, 83, 84, 141, 144, 150, 151
dreams 梦 86, 88, 90
Duchamp, Marcel 马塞尔·杜尚 11, 82, 141, 150—152, 165

Einstein, Albert 爱因斯坦 23, 62
Eisenstein, Sergei 谢尔盖·爱森斯坦 12, 80, 154, 158
Eliot, T.S. T.S. 艾略特 3, 11, 12, 37, 45, 65, 94, 105, 113, 119, 121, 132, 133
 anti-Semitism 反犹主义 119
 in exile 流亡 101
 primitivism 原始主义 68, 72
 *The Waste Land*《荒原》68, 94
élite, the 精英 5, 9, 29, 74, 109, 126, 127, 133, 139, 147, 158
Enlightment, the 启蒙 27,
Expressionism 表现主义 10, 11, 70, 73, 144, 145, 148, 149
 in film 在电影中 157

Fascism 法西斯主义 29, 73, 120, 129, 138

173

film 电影 35, 53, 80, 89, 90
    and the city 和城市 97
    French "New Wave" 法国"新浪潮" 162—163
    Surrealist 超现实主义的 156
First World War 第一次世界大战 135—137
Ford, Henry 亨利·福特 22
Freud, Sigmund 弗洛伊德 75—78, 81, 84
Futurism 未来主义 132, 135, 144, 145, 158

Giedion, Sigfried 希格弗莱德·吉迪翁 34
Godard, Jean-Luc 让—吕克·戈达尔 162—164
Greenberg, Clement 克莱门特·格林伯格 114, 148, 149, 151

Heidegger, Martin 海德格尔 61, 64, 125
Hemingway, Ernest 海明威 13, 102, 110
Holocaust, the 大屠杀 25, 136
Husserl, Edmund 胡塞尔 61, 64

irrationalism 非理性主义 25

Jakobson, Roman 雅各布逊 59
Joyce, James 乔伊斯 12, 45, 57, 79, 80, 102, 108, 113, 133

Kandinsky, Wassily 瓦西里·康定斯基 11, 54, 55, 71
Kant, Immanuel 康德 148

language see linguistics 语言 见 语言学
Lawrence, D.H. D.H.劳伦斯 2, 72, 78, 102, 119
Le Corbusier 勒·柯布西耶 3, 4, 33, 99, 168
Lévi-Strauss, Claude 克洛德·列维—斯特劳斯 66

Lewis, Wyndham 温德姆·刘易斯 120, 133
linguistics 语言学 58, 59
literature 文学 9, 12, 45, 65, 72, 74
    and primitivism 和原始主义 72

manifesto 宣言 12, 24, 30, 33, 40, 49, 84, 115
Marinetti, F.T. 马里内蒂 11, 30, 120
mass culture 大众文化 126—129, 131, 134, 159, 169
mecanthropomorphism 机械拟人论 150
modernism 现代主义
    alliances in 同盟 3, 114
    chronology 年表 10—13, 20—23
    how is it different? 有何不同? 14—15
    has it ended? 结束了吗? 165
    explained 释义 2—9
    theory vs practice 理论vs实践 56—57
modernists 现代主义者 5, 25, 27, 58
    examples 例子 5
    exiles 流亡 100—101
    progressive 进步人士 123—124
modernity vs modernism 现代性vs现代主义 14—15
music and painting 音乐和绘画 54—55

Nazism 纳粹主义 83, 138, 146, 149, 158
New York 纽约 8, 11, 92, 104, 141, 150, 168
Nordau, Max 马克斯·诺尔道 74, 109

Owen, Wilfred 威尔弗雷德·欧文 137

painting 绘画 31, 36, 41, 48, 71, 150, 153, 156, 157
    and music 和音乐 54
Paris 巴黎 92, 95, 102—105, 141, 150
Phenomenology 现象学 61, 64

philosophy 哲学 60—61, 64—66, 78
Picasso, Pablo 毕加索 4, 36, 40—44, 51, 68, 101, 113, 114, 123, 141
poetry 诗歌 10, 11, 37, 43, 52, 65, 72, 105, 112, 121, 153, 156, 157
politics 政治 116—124, 130, 131
postmodernism 后现代主义 152, 162, 163, 164, 169
Pound, Ezra 庞德 3, 6, 57, 101, 105, 113, 116, 121, 133, 136, 137, 139
primitivism 原始主义 29, 67, 68, 72, 73, 75, 125
Proust, Marcel 马塞尔·普鲁斯特 79
psychoanalysis 精神分析 24, 76, 78, 80, 82, 84, 89, 91, 156
    and Surrealism 和超现实主义 82, 84, 89

Rayonist 射光派 31

Saussure, Ferdinand de 索绪尔 58—59
Schoenberg, Arnold 勋伯格 3, 5, 11, 54, 55, 127
Second World War 第二次世界大战 104, 121, 138, 140
sociology 社会学 62, 109
stream of consciousness 意识流 61, 79, 80
Surrealism 超现实主义 6, 12, 42, 53, 82, 84, 85, 87—90, 115, 122, 126, 144, 150, 156
    film 电影 89, 90, 156
    and psychoanalysis 和精神分析 82
synaesthesia 通感 48

Tatlin, Vladimir 弗拉迪米尔·塔特林 38—39, 83, 123, 158
Taylor, Frederick W. 弗雷德里克·W. 泰勒 16
technology 技术 16, 20, 25, 32, 35, 38, 131, 163, 164
time 时间 16, 18, 34, 62
transport 交通 14, 32, 33, 34, 35

USA, modernism 美国现代主义 141, 150

Warhol, Andy 安迪·沃霍尔 152—153, 166
Whiteman, Walt 惠特曼 142
Wittgenstein, Ludwig 维特根斯坦 12, 61, 64
women and modernism 女性和现代主义 10, 107
words vs reality 词语 vs 实在 57, 58, 61
writers and modernism 作家和现代主义 2—3, 37, 65

Yeats, W.B. 叶芝 120

图画通识丛书

**第一辑**

伦理学
心理学
逻辑学
美学
资本主义
浪漫主义
启蒙运动
柏拉图
亚里士多德
莎士比亚

**第二辑**

语言学
经济学
经验主义
意识
时间
笛卡尔
康德
黑格尔
凯恩斯
乔姆斯基

**第三辑**

科学哲学
文学批评
博弈论
存在主义
卢梭
瓦格纳
尼采
罗素
海德格尔
列维-斯特劳斯

**第四辑**

人类学
欧陆哲学
现代主义
牛顿
维特根斯坦
本雅明
萨特
福柯
德里达
霍金